昭和問答

田中優子 Yuko Tanaka
松岡正剛 Seigow Matsuoka

岩波新書
2039

目　次

1

戦争が準備されていた

『NIPPON』第 36 号(最終号)

デザインは亀倉雄策，写真は土門拳．昭和 9 (1934)年に創刊された海外向け高級グラフ誌だったが，日本の戦線拡大にともない，プロパガンダ雑誌へと変貌していった．

昭和を問答するための問題提起

田中　これまで、『日本問答』（二〇一七年）、『江戸問答』（二〇二一年）というふうに、松岡さんと対話をつづけてきました。それらの対話からは、日本が抱える数々の問いや課題が浮かび上がってきた。けれども、まだその問いや課題を、現代の日本社会やこれからに向けた方法として示したとは言いがたいと思っているんです。そこで、いままで語り合ってきたことをいったん受けとめつつ、現代への問い、および次の時代への「仮説」にすべくもう少し対話をつづけたいと思った。題して『昭和問答』。

松岡　うん、いいですね。いよいよ昭和を交わしますか。昭和って最初と最後が七日間しかないんだよね。昭和元年と昭和六四年。前半の「戦前」と後半の「戦後」に分かれているけれど、前半の高揚は後半の挫折に巻きとられていった。そういう昭和を扱うには、こんな異様な時代を準備した明治も大正も見ておかないとね。江戸時代が一気に昭和化したわけではないんでね。

田中　そう、『昭和問答』といっても、年号としての昭和（一九二六〜一九八九年）の六四年間のみを対象にしようというんじゃない。金融恐慌から始まって満州事変、日中戦争、太平洋戦争、原爆投下、ＧＨＱ（連合国総司令部）による占領、高度経済成長といった昭和の出来事は、その因果の「因」が日清戦争、日露戦争、第一次世界大戦とその後の好景気にあるのであって、昭和だけを切り離して考えることはできません。

松岡　それに、昭和の終焉は、東西冷戦の終結から始まり長期の不況と低迷にあえいだ平成（一九八九〜二〇一九年）時代の幕あけでもあったでしょう。それが民主党政権とアベノミクスを挟んでこの令和の時代までつづいているわけです。最近は「新しい戦前」だなんて言われているしね。内田樹《たつる》さんと白井聡さんの興味深い対談本が出てましたね。

田中　昭和は、今この瞬間の私たちの立っている時空にもつながるわよね。つまり『昭和問答』は日清戦争あたりから始まって、「今ここ」までをテーマにすることになります。ずうっと「戦前」だったかもしれない。

『昭和問答』がそのように長い期間を扱うことには、もうひとつの理由があります。それは『日本問答』『江戸問答』で生まれた問いが、今日でもなお問いつづけるべき問題だからです。たとえば『日本問答』では、島崎藤村の『夜明け前』に見える日本の「おおもと」に触れました。そこで松岡さんは「夜明けが欧米グローバリズムに与《くみ》するということだとしたら、その前に『おおもと』を考えておきたい」と述べている。そして私たちは「おおもと」について語り合い、私は江戸時代の「直《なお》きすこやか」や「産土神《うぶすながみ》」、つまり「ローカルの価値」について述べた。さらに後の章では、日清・日露から太平洋戦争に至る過程は、日本が強くなった過程ではなく「混乱の過程」であり、「おおもと」を見る努力を放棄してたんに競争しつづけてきたのではないか、という疑問を呈しました。『昭和問答』でひきつづき語りたいことのひとつがここにあります。つまり、**「私たちはなぜ競争から降りられないのか?」**という問題です。

松岡　そう、それそれ。初っ端からの難問（笑）。

田中　「競争」という言葉について、私は『日本問答』で、「そこから抜け出さないと、対等とは何なのか、わからない。本当は日本の成り立ちを振り返って、独自な政治思想を持つべきだ」と述べました。この「独自な政治思想」ということに対して、松岡さんは「外の言葉ではなく内の言葉で」という言い方をされた。ここで気になるのが「対等」「独自性」「内の言葉」です。私は別の箇所で「『おおもと』は自立の表現としてつくられていたので、自立から追従に切り替わったときに忘れるしかなかった」と語っているんですね。「自立」という言葉がここでは使われた。そこではたと気づいたんですが、ここにはいままで十分には交わし切れていない問いがある。それは**「国にとっての独立・自立とは何か」**ということです。

松岡　そのあたりのことは『江戸問答』のほうで、明治日本が不平等条約改正に向かった経緯や、天皇と国体の問題などとからめて少し話しましたね。でも十分に交わせたとはいえない。

田中　もうひとつ私がたいへん気になる問題がある。それは「**人間にとっての自立とは何か**」ということです。たとえば、室井康成の『事大主義』は、朝鮮、沖縄の「独立・自立」問題とともに、同時代に平行して現れた『青鞜《せいとう》』運動を取り上げています。ざっと年表を拾ってみると、明治二七(一八九四)年に日清戦争勃発、明治三七年に日露戦争勃発、明治四三年に大逆事件、明治四四年に『青鞜』創刊というふうになる。この同じ年に松井須磨子主演でイプセンの『人形の家』が上演されています。青鞜運動というのは政治運動ではなく、女性が「人間にとっての自立とは何か」を投げかけた運動だったんですね。女性たちからの問いの投げかけが、そのあたりの数年、ずっと高まりつづけていたわけです。それによって、それまで隠蔽《いんぺい》されてきた問題が顕《あら》われてきました。

それは、国家であろうと人間であろうと、独立・自立をめざしたときに競争や戦いを回避できないのかという問題です。青鞜運動は、自立は競争や戦いとは無関係であることを示したわけです。そうであるなら、「国家にとって」と「人にとって」の両者は、つなげて考えることができるのではないか。こういう問題は、『日本問答』『江戸問答』では取り上げきれなかったと思うんです。

松岡　国家や個我の自立は近代化にとっての大問題ですからね。世界の近代国家の多くは、そのために独立戦争に向かっていった。ただ日本の場合は、立身・立国・立憲に終始しましたね。

田中　たしかにそこが大問題。すでにそこを解き明かしていくヒントを、私は松岡さんからずっといただいてきたとも思っているんです。それは、私たちの対話における「独立、自立、独自性」の意味は一貫して、内部に一元的に凝縮していく独自性のことではなく、ずっと、「エディティング・ステート」(編集しつづける国家)の意味であったということです。そのことを松岡さんは示唆した。そこに必要なのは「持続的編集力」であると、松岡さんはくりかえし明確に述べている。この対話においても、そこは大前提にしたいと思うんです。

松岡　それはたのしみだ。たのしみなんですが、歴史における編集力を議論していくという見方は、いまのところは一般的ではありません。とくに近代化の渦中での編集力に注目する見方はまだまだ少数です。たとえばぼくの「エディティング・ステート」の発想は、明治期の清沢《きよざわ》満之《まんし》の「二項同体」と「ミニマム・ポシブル」という考え方、および内村鑑三の「ボーダーランド・ステート」という考え方がヒントになっています。清沢の「二項同体」は西洋の「二項対立」や「二分法」に抗するもの、内村の「ボーダーランド・ステート」は専有的国家に対する境界性の重視です。二人とも日本をエディティング・ステートとして見ている。でも、こういう編集力に着目できたのは、当時も二人のほかにほとんどいなかった。しかも、いわゆる「自立」のススメではない。この対談では、そのあたりの編集力の発揮がその後はどうなったのか、ぜひとも話してみたいと思います。

戦争のための大義——一国の独立

田中　対談のために、あらためて昭和という時代を振り返って、ざっくりと次のように四つの時代に区分してみました。こうするととてもわかりやすい。

昭和元年(一九二六)〜戦争の時代(約二〇年)
昭和二一(一九四六)〜戦後体制構築の時代(約一〇年)
昭和三〇(一九五五)〜高度経済成長時代(約二〇年)
昭和四八(一九七三)〜見直しの時代(現在に至るまでつづく)

松岡　ちなみにぼくは昭和一九年生まれだから、かろうじて「戦争の時代」の世代。田中さんは次の「戦後体制構築の時代」の生まれ。それにしても、昭和の三分の一は戦争に覆われていたグレーエイジです。

田中　日中戦争とか太平洋戦争というふうに区切っていけばそれぞれは数年ずつですが、たとえば山東出兵は昭和二(一九二七)年から翌年にかけて第一次、第二次、第三次とやっていますし、その三年後に満州事変が起こり、上海事変、五・一五事件、国際連盟からの脱退というふうに、ほぼ毎年のように何か事件が起こっている。そういうものをあわせると昭和の最初の二〇年はどっぷり戦争に浸かっていた時代でした。私はそれらの問題の当初にあったのが、やはり日清戦争だったと見ています。

松岡　はい。日清戦争は、日本が起こした初めての帝国主義的な戦争だよね。まさに大日本帝国の戦争。それが昭和二〇年までつづいた。日本は明治初年から昭和二〇年まで「大日本帝国」という国でした。七七年間ですね。振り返って明治日本は征韓論以降、ずっと朝鮮半島進出を狙っていた。列強に伍する資本主義経済を躍進させるためにも、なんとかアジアの入り口となる朝鮮を抑えておきたかった。でも清にとって朝鮮というのは、長らく華夷《かい》秩序にもとづく従属国だったわけです。近代以降の国際情勢のなかでは、清はその影響力をさらに及ぼしつづけたいと考える。当然、日清のあいだに火花が散ります。壬午《じんご》事変、甲申《こうしん》事変といった日清による朝鮮への介入や衝突がたてつづけに起こり、そこへロシアの南下政策が目立ってきて、日本では対清強硬論がどんどん沸騰していく。

田中　その時代のことを記した陸奥宗光の『蹇蹇録《けんけんろく》』という本が、ものすごくおもしろいんですよ。

松岡　陸奥は伊藤博文とともに日清戦争後の下関条約のときの全権で、不平等条約の改正にも奔走した。その陸奥が書き残した明治日本の外交秘録のようなもの。

田中　非常に冷静にきちんと論じていますから、明治日本に起こっていたのはこういうことだったんだなということが、たいへんよくわかる本なんです。

何を言っているかというと、日本は最初から朝鮮を一個の独立国として認めていた。けれども朝鮮は中国の冊封《さくほう》国なので、中国のほうはこれを支配国、属国だと思っている。日本はその関係を変えて、朝鮮国を切り離して独立国にしたいのだ。日朝修好条規を明治九(一八七六)年に結んで、そのときに朝鮮は独立国だと日本が言ったことを、ヨーロッパ諸国もちゃんと認めてくれた。これがすごく大事だ。しかし中国のほうはどうかというと、依然としていままでの習慣を墨守《ぼくしゅ》していて、内外の変化に応じて自分たちを変えようとはしてこなかった。つまり、非は中国にある。朝鮮の独立を守るのはわれわれだ。と、こういうことを書いているんです。

わが国の独力、つまり自分たちの力で朝鮮内政の改革を担おうというふうにわれわれは言っているのだ、わが国は多少の艱難《かんなん》にあったとしても、隣国である朝鮮を助けるのは「義俠国たる帝国として」避けるべきではない、つまりこれは義俠心だ、と言っているんですね。「強を抑え弱を扶《たす》け仁義の師を起す」「政治的必要よりもむしろ道義的必要より出でたるものの如き見解を下したり」(『蹇蹇録』)とまで言っている。

松岡 実際には、朝鮮に対して日本は不平等条約を押しつけた。独立どころか、従属させようとしていたことはみえみえだよね。

田中 そういう侵略的な意図をもっている者たちもいるんだということも、陸奥は正直に書いています。朝鮮の改革を名として、わが版図の拡張を企図する者も日本人にはいる。それから、保護国として常にわが権力の下に屈伏せしめんと企図する者もいる。一個の独立国たる体面だけ整えてやって、少したったら、わが国が中国だとかロシアと事あるときの中間の保障地帯にしようと思っている者たちもいるのだ、と。

こんなふうに、非常に正確なことを指摘して、だけれどもやはり弱きを扶け強きを抑えるのが重要であって、それをやるのだとしたら、あまり大きなことをやるのではなくて、つまりわが国の利益を犠牲とするほどのことをするのではなくて、わが国の利益を主眼とする程度にとどめるべきだ。朝鮮の内政に勧告するに際しては、「手荒き方法を取る能《あた》わざるは論を待(俟《ま》)

たず」、つまり手荒き方法はとらないということを言っているんです。すこぶる理想主義的ですよね。ただ私はこれを読みながら、「ほんとかな？」と思った。それに独立国というのは自らが独立していくから独立国なのであって、それを外から「おまえたち、独立しろ」と言うことに意味があるのだろうか。そこはどう思います？

松岡　欧米の植民地主義に倣《なら》おうとしていることは明らかだよね。植民地主義というのは、ポルトガルやスペインが船で冒険に出て新しい土地を発見し、そこの産物を独占的に手に入れるというところから始まって、一七世紀から一八世紀にかけて、イギリス、フランス、オランダなどが激しい植民地争奪戦を展開しながら世界中に広がっていったものです。それが一八世紀が終わって一九世紀になると、もはや新しい大陸とか未知の土地なんてほとんど残っていない。植民地での独立運動なども起こり始める。従来の植民地経営ではコストがかかりすぎるということも問題になってきた。そこで、植民地を原料の供給とともに「市場」として扱うことになるわけですね。つまり三角貿易をやりながら資源と労働力と製品をいかにして回しつづけるか、どうやって利潤を稼ぐかという、資本主義型、貿易重視型の植民地利用に転換していった。でも日本は、そういう手札《カード》はなかなか持ちえなかった。

田中　明治維新を経てようやく近代化を進める気になった日本には、列強に伍《ご》するための手法がなかった。

松岡　のちに「日本資本主義の父」と呼ばれる渋沢栄一にすら、欧米のような資本主義のロジックはまだなかったと思う。三菱をつくった岩崎弥太郎だってそうでしょう。そういう日本がなんとか朝鮮の利権だけは抑えておきたいと考えたけれど、征韓論はうまくいかない。こうなると、何か新しい大義名分を持つ以外に進めなかったんでしょう。そこで、さっきの陸奥の言葉のなかにあったような「義侠」や「仁義」といった大義を持ち出すことになった。日本は韓国を植民地にするのではなく、独立させるんだ、そのために日本の勢力圏のなかに置いておくんだ、というふうになっていった。やがてそれが日韓保護条約（第二次日韓協約、明治三八年）、韓国併合（明治四三年）というふうに展開していきましたね。それって、ズデーテン併合とかオーストリア併合と同じだね。しかもそれをエンジンとしてふかしていくものは大日本帝国の場合は「義」であって「侠」である。江戸時代にももちろん「義」も「侠」もあったけど、それはたいていカウンターカルチャー、カウンターポリティクスとして持ち出されるもので、メインにならなかったよね。

田中　「義」というのは朱子学の正統な論理の言葉でもありますから、日本ではずっと使われていた。けれども、いまの話にあるような意味での「義」ではない。

松岡　そういう日本ではメインポリティクスにはなっていなかった「義」や「侠」が、前回の『江戸問答』でも田中さんが疑問を呈した西郷隆盛の征韓論などにも潜んでいたわけですよ。それが日清戦争以降は、かなり前面に出てきてしまった。

田中　なぜ日本は朝鮮の独立にそこまでしてかかわりたがったのか、そこがどうしても納得できないんですよ。たしかに、日本は欧米から押しつけられた不平等条約から脱しながら独立していった。独立していくといっても日本はそもそも属国でも冊封国でもないので、独立国をめざすということではなかったと思うけれども、不平等条約から脱却していく過程で、自分たちは独立したと思えたわけですね。それは当然のことだし、問題ないと思うんです。それから、早くから欧米的な制度を取り入れて、軍事も法律も憲法も国会も次々につくった。それもまあいいです。でも、それを「なんでおまえはやらないんだ」と隣国に対して言うというのは、いったい何なんだろうと思う。

「日鮮同祖論」の問題

松岡　そういう発想には、「日鮮同祖論」のような考え方も関係していたんだと思う。つまり朝鮮のことを隣人どころか、自分たちのルーツは同じじゃないかとみなすような考え方。久米邦武、竹越与三郎、大矢透、金沢庄三郎なんかが代表的な論者ですね。日本人と朝鮮人はさかのぼればもともと同じ民族なのだから、いっしょでいいじゃないか、一つの「祖国」でやっていこうじゃないかという、はなはだ勝手な主張です。そこに山路愛山《やまじあいざん》、徳富蘇峰《とくとみそほう》、大隈重信なんかも乗っかっていった。

振り返ってみると、『古事記』『日本書紀』のなかに「天孫降臨《てんそんこうりん》」という奇妙な出来事が描かれている。天孫が空から降ってくるわけがないから、これはどう考えても海の向こうから経済力や技術力のある豪族集団が日本列島に来ているわけですね。朝鮮民族ないしはその奥のツングースとか高句麗の部族たちが、江上波夫の騎馬民族説のようなことではないとしても、日本列島にやってきたのではないかと考えられる。こういう考え方は江戸時代からすでにみられたものですが、明治維新で王政復古したことによって、あらためて見直されることになった。

田中　西郷の征韓論のなかでは、朝鮮に対して「無礼だ」とか「けしからん」とかいう言葉が出てくるわよね。ところが日清戦争の時代になると「あなたたちは独立するんだ」みたいな話になっている。どうしてそういう変化が起こっていったのかが疑問だったんですが、なるほど、そこには「日鮮同祖論」を積極的に認めて、それをもって韓国併合を正当とみなす考え方が流布していたという背景があった。

松岡　そもそも日本の「おおもと」が日本になく、朝鮮半島や山東省あたりにあるということは、神国日本にとっては不都合でしょう。だから日本は長らくそのことを敢《あ》えて語らないものとして伏せていたんじゃないか。日本が孟子の湯武《とうぶ》放伐《ほうばつ》論を入れない、語らないようにしていたのと同じように、ですね。それが、近代日本で民族学や歴史学の研究者たちによって理論的に補強されたことをきっかけに、今度はそのことが朝鮮を植民地化していくための根拠になっていく。

　こういう「日鮮同祖論」と、一方における欧米の「植民地にしておいて、その後にしかるべき条約で独立させる」という御都合主義が重なっていったわけだよね。それが陸奥宗光のように「義」とか「侠」を持ち出す考えをともなって、明治日本をおかしくしていたといえるかもしれませんね。そもそも、陸奥のいう「義・侠」がほんとうに日本の根本にあるならば、琉球政府に対してもアイヌに対しても、もっと違った対応を日本は持ち出せるはずだけど、そういうことは一度も提唱されていませんよ。

田中　琉球は、ずっと中国の属国として冊封を受けながら、薩摩藩の支配も受けていた。それでもかたちの上では独立国だったわけです。それを明治の廃藩置県のときに鹿児島県に編入して、さらには軍隊を送り込んで無理やり沖縄県を設置してしまった。強引に日本に併合してしまった。

松岡 そうね。そのせいで、中国とのあいだではずっと琉球帰属問題がくすぶっていく。アイヌの人びとに対しても、明治政府はロシアとのあいだで千島樺太交換条約を結んで、一方的に居住地を変えさせたり、「保護法」の名のもとで拙速な同化政策を押しつけていったりした。このやり方をみていると、朝鮮に対してもそういうことをやりかねなかったし、それが日本の明治政府の本音だったんだろうと思う。とはいえ、あからさまな手段では外交問題になる。露骨なことはできない。だから陸奥が上手にちゃんと全部を見ながら、理論を組み上げていったんでしょう。嘘をつきたいわけじゃないだろうけれども、まさに大義名分をどうつくるかということは明白に意識していたはずです。

近世日本人の地政学的センス

田中 ここでもうひとつ考えておかなければならないのは、日本とロシアの関係です。日清戦争の意図も、明らかにロシアの南下政策への対抗だった。日露戦争になるとそれが完全にはっきりと見える。これは朝鮮半島と満州の支配権をめぐる戦いだった。満州というのはまさにロシアと接しているところだから、あそこでロシアを食い止めておきたいということですよね。結局、昭和日本を考えるには、日本とロシアおよび中国との関係、それと朝鮮半島との関係をどう見るか、ということにかかってくる。

松岡　北方問題を日本の歴史を貫通して考えるというのは、大きいね。佐藤優さんと話していると、いつもこのことが浮上する。とくに江戸時代後期は、ロシアのことを警戒していましたね。松前藩はたいへんだった。

田中　江戸時代のロシア問題というのはカムチャツカ、千島列島そしてサハリン(樺太)方面なんですね。あっちのほうからロシアが北海道のほうへ南下してくるのではないかと、つねに警戒していた。一七三〇年代からロシア人が来るようになり、寛政四(一七九二)年にエカテリーナ女王(二世)の使節ラクスマンが根室にやってくるということが起こります。ラクスマンは漂流してロシアに保護された大黒屋光太夫《だいこくやこうだゆう》たちを日本に返すとともに、通商を求める国書を持ってきた。それを拒否すると、今度はレザノフを長崎に派遣してやはり通商を求めてきた。そのころは、ロシアが満州のほうを通って朝鮮半島にやってきて、そこから南下してくるというようなイメージはなかったんです。ところが明治になると、朝鮮半島経由でそれが起こりそうだということで、すごく警戒感が高まった。

松岡　あいつぐロシア船の来航で、日本ではにわかに海防論が起こって、林子平《はやししへい》があわてて『海国兵談』を著しますね。ところがこれは上陸をしてくる敵を水際で次々にポコポコ叩くというもので、「寛政のハリネズミ論」と揶揄《やゆ》された(笑)。それ以降も日本にはロクな海防論が生まれなかったわけです。シーレーンを徹底して守るという発想がなかったんだよね。アメリカなんかは遠すぎて、江戸時代まではまったく考慮していなかったしね。でも突然、幕末になって黒船がきた。それで大騒ぎになった。日本の独立観というのは、そもそも地政学的なものがかなり偏っていたということですよ。海洋国なのに地政学的なセンスがなさすぎた。

田中　独立という考え方をする以上、地政学はやっぱり必要なんですが、残念ながらそういう発想はなかったと思います。長いあいだロシアだけが、当時の日本にとっては西欧列強の一つの代表だったんでしょうね。

それに、一七七〇年代まではロシアの南下を警戒しつつも、実際にはそれほど大きな脅威にはなっていなかった。なぜかというと戦艦は来ていないから。商船しか来ていなかった。それでも田沼時代、つまり江戸時代の中期には工藤平助の『赤蝦夷《あかえぞ》風説考』のようなものが出てくる。日本で初めてのロシア研究の書です。すると、これはもう国を開いたほうがいいという意見が出始める。田沼もロシアとの交易をもくろんで船までつくり始めていました。そういうふうに、いわゆる鎖国政策の見直しは、つどつど起こるわけです。一八〇六〜〇七年になると、カラフト、エトロフ、北海道に大砲での襲撃がありました。

ちなみに、江戸幕府の鎖国というのは、外から誰も入れないという政策ではありません。日本人が外に出て行かないという政策です。そうして交流の相手を選ぶ。

松岡　海外渡航禁止。あくまで「海禁」。

田中　そうです。入ってきてもいいけれども絶対出て行かない。出て行かないということは、防衛についても、外には行かずに内側で防衛する。そういう方法しかないわけで、それが幕府の北方政策のあり方なんです。あとはお台場《だいば》ですね。最終的にはお台場をつくって、そこに大砲を据えるというやり方しかない。ところがアメリカのように商船ではなくて大砲を積んだ艦隊で来られると、お台場では太刀打ちできない。相手は海を自由に動きまわる。これでは防衛は無理だということがわかる。

すでにアヘン戦争で中国がやられていて、日本にはアメリカの艦隊まできてしまった。こうなると開国に向けて手を打つしかなくなる。そのうえそこにフランスやイギリスも入ってきて、一方は幕府に接近し、一方は薩摩に接近したりして、まさに日本を舞台に代理戦争を始める。

そういうなかで、なしくずし的に大政奉還せざるをえなくなる。

松岡　そうやって列強のパワーゲームにどんどん巻き込まれていくんだよね。とはいえ、もはや外国は排斥できない。港は五つも開く。そのひとつの横浜には外国人居住区がいっぱいできた。函館にもできた。それからキリスト教も解禁したから、宣教師もいっぱいきた。そうやってやむをえず受け入れつづけているうちに、気がつくとアメリカ、ロシア、オランダ、イギリス、フランスと不平等条約を結ばされていた。関税を自由に決める権利が奪われ、日本で外国人が犯した犯罪を裁くこともできない。明治日本はつまるところ、この不平等条約をどう改正するかということに終始していきますね。

田中　不平等条約を改正して他国との平等性を確保すれば自立は守られるということに気がついた。そこが一番重要なのだというふうに考えたことは、私は正しいと思う。中国の状況を見ていても、列強が力ずくで入ってくることを妨げることはできないし、もし強引に攘夷《じょうい》を進めたら戦争になり、戦争になったら、アメリカの艦隊を見ればわかるように、たちまち負けることが目に見えていた。

松岡　それにしても、不平等条約改正までの道のりが長すぎるよね。締結が安政五(一八五八)年でしょう。そこから井上馨、大隈重信、青木周蔵、陸奥宗光といった歴代の外相たちが条約改正に苦心して、やっと治外法権が撤廃されたのが明治二七（一八九四）年、関税自主権の回復はさらに遅れて明治四四（一九一一）年ですよ。明治はまるまる不平等条約改正のために尽くされた時代だった。

田中　テンポは遅かったけれども、条約の改正は次々に手を打ってやっています。私はそれも正しかったと思うし、それしかなかったと思います。ただ、そうやってなんとか独立性を取り戻そうとした日本が、なぜ一方で日清戦争に向かってしまったのか。これは明らかにそれまでの日本の外交のやり方からすると飛躍しているという感じがする。日本が不平等条約を解消して自分たちの自立を守る、それだけを目標にしてもよかったはずでしょう。ところが、そうはしなかった。

その判断の背景にあったのは、やはりロシアの脅威でしょうね。自分たちの自立の道は見つけた。こういうふうにすれば列強に対抗できるということがわかってきた。けれども、どうも中国や朝鮮はそうではないらしい。これを放置しておくと、ロシアが南下してきてそのまま朝鮮半島に入って占領し、ついには日本にやってくるかもしれない。それはなんとかして止めなければならない。そんなふうに考えていたのでしょう。

松岡　ロシアと半分くらいとか、三分の一くらい手を組むとか、親善するとかというアナザーシナリオもあったのにね。

田中 それはレザノフの時代に、すでに選択外になってしまっていたんです。

国のかたちと、国家のあり方

松岡 もうひとつ気になるのは、なぜ明治日本はそれまでの海禁をやめ攘夷もやめ、大政奉還もし、国のかたちを変えていこうというときに、わざわざ「王政復古」というかたちをとったのかということです。田中さんはどう見ていますか。

田中 王政復古する以外に、国をまとめる方法がなかったんじゃないですか。幕府はそもそも国単位で日本をまとめることはできないんです。幕府というのは単なる徳川家で、幕藩体制というのは国家体制じゃないんですね。

松岡 そこは鎌倉殿と同じだよね。

田中 そうです。それぞれの藩に代表がいるように、単純に言ってしまうと徳川家も代表の一人というだけのことです。参勤交代の仕組みで江戸に大名たちを置いて、それで統一しているように見えるけれども、じつは統一していない。だから各藩の下級藩士たちは、日本全体の危機というときに、自分たちは何をしていいかわからない。江戸時代中ずっとそうだった。藩のためには働ける。ほかの藩が何をしているかもわかる。参勤交代で、とくによくわかるわけです。情報交換をするから。でも日本全体については何もできないので、手も足も出ないんです。それから藩のなかも序列がすごいですから、そのなかで下級藩士なんて本当に何もできない。何か提案したって撥《は》ねられるだけ。能力があっても何もできない下級藩士たちが全国にいっぱいいるという状況だった。そんな状態では国家の理念なんて存在しません。対外的な問題がなければそれでもよかったのですが、もし日本にアヘン戦争のようなことが起こったらどうするか、列強に対峙しなければならないときはどこでまとまるのかといったら、徳川家ではやっぱり無理です。そうなると、天皇を中心にまとまっていくほかに選択肢がない。

松岡　そうかなあ。「玉《ぎょく》」でよかったのかなあ。薩長土肥の青年たちがフィラデルフィアに集って独立を勝ちとった一三州みたいに連携してもよかったのに、きっと京都の岩倉具視《ともみ》にまるめこまれたのかもしれない。

念のためほかの見方を付け加えると、近代以降の欧米諸国と日本ないしアジア諸国の大きな違いは、国民国家であるかそうでないかという点にあったと思います。ヨーロッパではナポレオン戦争によって国民国家、ネーションステートというものが確立した。平均値による国民というものをつくり出した。それをもとに民族《ネーション》というものを組み立てた。そういう過程をヨーロッパは体験していったわけだよね。それに対してアジアは、そういうエディティング・ステートの試行錯誤をしていない。

日本については、田中さんがいま言われたようにすこぶる自治的な要素をもった幕藩体制を二五〇年以上つづけていた。では、これを解体して不平等条約を撤廃する力を持ち、かつ軍事力もつけて一身独立に向かうには、どうするか。何かそれらしい「国」のかたちを提示していく必要がある。そうやってつくられたのが、「国体」です。会沢正志斎《あいざわせいしさい》の水戸藩が考え出したもので、これは実態のはっきりしない「X項」みたいなものですが、それがだんだん「玉《ぎょく》」、つまり天皇と結びつけられていったんでしょうね。こうして、アヘン戦争以降のアジアの動乱のなかで日本が自立していくためには、天皇による王政みたいなものを使っていくということになっていったんだろうと思います。

しかもそのときに、「立憲君主・議院内閣制」という方向性を選んだ。天皇が元首である。大日本帝国憲法は天皇の名の下に定める欽定《きんてい》憲法にする。一方、行政は議院内閣制を学ぶ。つまり水戸の国体から欽定憲法に至った日本というのは、ツギハギもいいところでした。

だから田中さんがさっき言われたように、日清戦争のときに飛躍してしまったのではないか、何かとんでもないことをやってしまったのではないかというのは、その通りですね。つまり、日本はかろうじて国を成り立たせるための仕組みをツギハギしただけで、近代国家ないし国民国家として、戦争をするための基本条件を組み立てきれないまま、現実の戦争に突き進んでいった。戦争の大義ひとつ、地政学的な判断ひとつ、それから軍事費や命令系統をどうするかといったことひとつ、十分に検討しきれなかった。だからそのあとの乃木将軍のように、西南戦争で軍旗をなくしたという理由で夫人とともに自殺をするというようなことも起こるわけだし、昭和になっても、敵地に無謀な突進をした爆弾三勇士みたいな人たちがやたらと讃えられるみたいなことが起こる。

田中 日本の起こした戦争には、欧米の列強もずっとかかわっていたし、ときには干渉もしてくる。そういうことも、日清戦争のときの日本はあまり理解できていなかったように思いますね。だから下関条約がうまくいったと思っていた矢先にロシア・フランス・ドイツの三国干渉を受けて、すっかり驚いてしまう。それまでは、朝鮮半島をめぐって中国やロシアとにらみ合っていたつもりなのに、脅威はフランスからもドイツからもくるし、その関係にイギリスもアメリカもかかわってくる。フランスとドイツはロシア側につこうとするし、アメリカとイギリスは日本側につこうとする。となるとこれはもう、日本だけの戦争ではない。いわば代理戦争のようなものです。そういう構図にどんどんはまっていることを、日本人はどれくらいわかっていたのか。

松岡　わかってないね。だいたい「代表」とか「代理」とか「代議士」とかいったエージェント思考は、ヨーロッパ的でキリスト教的ですよ。「代」が「真」を代行しうることに日本は甘いんです。

田中　うん、そうかもしれない。

民権運動と国民が戦争を煽った

松岡　ところで、日本人は中国の気運や気分を読むのが苦手だね。気がつくと何かが喫水線に近づいているんだよね。それで慌てる。日本を日清戦争につき動かしたものといえば、国内での対清強硬論の高まりでしょう。もともと明治政府の周辺では、ずっと有司《ゆうし》専制《せんせい》(官僚重視)への不満がくすぶっていて、そういった不満を食べながら自由民権運動が沸騰していくわけですが、やがて国会開設や憲法制定の動きのなかで民権運動は政党運動へとかたちを変えていきますね。板垣の自由党、大隈の立憲改進党といった新党がつくられていく。そうすると、彼らが世論を煽《あお》りながら、政府の欧化政策とか対外政策に対して強烈な反発や批判を打ち出していく。つまり、自由民権論者たちのあいだで、対清強硬論が激化していったんですね。この、自由民権運動の動向というのも、近代日本を見るときに、気にしておいたほうがいいですね。

田中　自由民権運動というのは、明治日本に生まれた「結社」とは何かという点で見るといいと思います。「結社」というのは、身分制社会が崩れてしまった明治日本で、武士たちが生きるために必要なある種の「まとまり」として機能していった面があるわけです。色川大吉の『自由民権』(岩波新書)には、だいたい二〇〇〇くらいの結社がつくられていたとありますが、そういう結社によって、日本のあり方をそれぞれが模索していった。これって、江戸の一揆や連《れん》などとも非常に似た構造で、興味深い動向だと思う。ただ、そういった運動がだんだん政治の担い手をめぐる抗争になってしまった経緯があるわけです。

で、最終的に彼らがどこに向かったかと言うと、やっぱり朝鮮なんです。朝鮮内部の改革派を支援してクーデターを起こさせようとする。

松岡　はいはい、そこ。日本政府のほうも、朝鮮の改革派で親日派の金玉均《キム・オッキュン》や朴泳孝《パク・ヨンヒョ》を支援して、クーデターを起こさせようとしましたね。それで同じく朝鮮に介入しつづけてきた清とのあいだで衝突になる(甲申事変、明治一七年)。クーデターは失敗して金と朴は日本に亡命して、日清のあいだでは天津条約が結ばれる。これで日本の朝鮮への影響力が一時的に弱体化してしまう。ぼくは金玉均のものは、けっこう読みました。

田中 その金玉均を、なおも担ぎだそうとした民権派の活動家たちがいたわけです。朝鮮にクーデターを起こして清から独立させて、同時に日本国内でも民権派が蜂起して政府を打倒するという計画を立てた。その直前に計画が発覚して、一四〇人近くが逮捕されています(大阪事件、明治一八年)。

そういうふうにして民権運動は崩れていくんですが、彼らがもともと結社を通して新しい日本の社会を考えていたことは確かです。「天賦《てんぷ》人権説」、つまり人間は生まれながらにして自由・平等で、幸福を追求する権利をもつという考え方に共鳴して、人権を核とした新しい社会を求めていた。けれどもそういう社会づくりを誰がするのかということで、担い手をめぐる権力闘争のほうに向かっていってしまったのよね。あげくに朝鮮侵略になりかねない危険な計画に進んでいった。

松岡 世界史的にみると、近代以降の政治にはヘゲモニーとイニシアチブをめぐる闘いが必ず競り合っていきます。対外的にはヘゲモニー、すなわち覇権をいかにして取るかを組み立てながら、国内的にはイニシアチブ、すなわち主導権を取るための組み立てをする。そういう動きのなかで特定の結社やパーティ(政党)が力をもっていくということはよくあることです。日本の民権運動も途中からはまさにそういう政党化をめざしていってます。ただし民権運動は、当初は愛国運動、といってもいわゆるパトリオティズムとしての「愛郷運動」、あるいは「土発《どはつ》運動」といったほうが近いんですが、そういう特色を脈動させていた。そこがのちのち異様なものを孕《はら》む原因になっていくんです。愛国的ナショナリズムやアナキズムやコミューン主義を孕んでいくんですね。かくして日清戦争後の三国干渉なんかを経験するなかで、民権から国権へと鉾先が変わるということも起こった。アジア主義的な考えや国粋主義的な考えを持ち出すようにもなっていった。そんななかで民権運動というあり方そのものが変質してしまった。

田中　対清強硬論を煽ったのは民権運動だけではなく、彼らやメディアに煽動《せんどう》された世論も大きかったんじゃないですか。日清戦争を起こしたときに、非常に国民が熱狂したということを陸奥宗光は書いています。呆れるほど熱狂している。これはいったい何かというと、国が一体になって何か一つの目標に向かうなんていうことは、幕藩体制ではありえないわけです。それが起こった。

戦争がそういう状況を引き起こすというのは、日本人が初めて経験したことだろうと思います。その目的は当初は朝鮮半島でしたが、少し先まで見通せば満州のことも視野に入ってくる。

そういう日本の外側のもっと広い世界のことまで、おそらく日本人の欲望のなかに入ってきていた。こうしたグローバルな欲望のもとに国民が一体化した経験を明治日本が持ってしまったことも、このあとの昭和日本の行方にとって大きかったと思います。

加藤陽子さんが、『それでも、日本人は「戦争」を選んだ』(朝日出版社)という本のなかで、日清戦争で得た遼東半島を三国干渉で失った、それをきっかけにして普通選挙へのはずみができたということを指摘しています。つまり、政治家は国民の意見をもっと聞かなければダメじゃないかという声が高まった。「もし国民たちの声が届けば、あの半島を失わないで済んだ」というような言い方で、普通選挙を実現しようとしています。当時は普通選挙と言っても税金をいくら払ったといった条件つきの普通選挙ですが、国民の意見を聞けという主張が、戦争をきっかけにして出てきているんですね。

松岡　典型的なムーブメントとしては徳富蘇峰の身の振り方がそうだよね。雑誌「国民之友」や「国民新聞」をつくって、平民主義を主張した。民の声を聞けということを金科玉条のように訴えた。熊本出身のたいへん魅力的な男だけれど、日清戦争後には松方内閣の内務省勅任参事官に就いてしまった。それで時代に迎合した、変節したと詰《なじ》られた。

田中　国民の声によって指導者が押されていくんですよ。戦争に向かって。「戦争をやめてくれ」と訴えるのではなく、「もっとやれ」「損をするな」「強気で外交せよ」と煽っていく。なぜそんなふうになっていったかといえば、やはり新聞、メディアの力が大きかった。メディアが煽動して国民も戦争を支持していった。

日清戦争が一八九四年で、日露戦争がちょうど一〇年後の一九〇四年、一〇年しか経っていないのに次の戦争を始めていますので、この二つは連続しているわけです。日本としては、日清戦争で対象にしていた満州や朝鮮半島にロシアが南下してくる、奪っていくという危機感から出てきていますから必死ですが、ロシアのほうはあまり積極的ではなかった。

松岡　ロシアも満州の権益や鉄道敷設権は確保したかったし、朝鮮半島での権益も拡大したかった。でも革命前後のロシアの側には明確な戦争動機がない。日本が宣戦布告をしてきたから応じざるをえなかったというのが実情でしょう。レーニンやトロツキーによるプロレタリア革命を実験しつつあったから、対外戦争どころではなかった。にもかかわらず日本が善戦してくるのでロシアも引くに引けない。あのバルチック艦隊を日本が破ってしまうということまで起こります。これでますます日本は勢いづいてしまった。国民は一丸となって「露助をやっつけろ」となって「征露丸《せいろがん》」が生まれた(笑)。

こうしてロシア相手に勝利するんだけど、今度はポーツマス条約の内容に不満が噴出して、日比谷の焼き討ち騒動が起こる。蘇峰の「国民新聞」や警察署が群衆によって襲われる。日露戦争は日本が勝利したとはいえ、実際には日本は軍事費不足で戦争継続がむずかしくなっていたし、ロシアは国内情勢が慌ただしくなっていたし、アメリカのルーズベルトに斡旋してもらって講和に持ち込むことで終わらせたというものです。だから賠償金なんかはもらえない。それが国民の側には納得しがたいものだったんですね。

満鉄経営と日韓併合

田中　日露戦争にいたって日本がさかんに言い出すのが、これはヨーロッパから教わったそうなんですが、主権線と利益線というラインですよね。アジアはその利益線に当たるわけです。そういうふうに名づけることによって、どんどん戦争に寄っていっている。日清戦争であそこまでやったら日露戦争でその防衛ラインは守りつづけなければならないということになるので、日清戦争が日露戦争を呼んだ。そしたら日露戦争でまた勝った。今度はその勝利が次の戦争を呼ぶということになります。

松岡　いよいよ昭和前史だよね。他方で、敗戦国のほうには、いままでにない反乱分子や主義主張が生まれます。案の定、日清・日露の日本の戦勝は、アジアの状況に火をつけた。まさに自立や独立を意識する活動が立ち上がる。たとえば、中国の自立をめざす孫文が日本に来て中国同盟会を組織したのは、明治三八年ですよ。こういうことが起こると、日本にもその活動を支援するムーブメントが起こります。孫文の準備会には日本に亡命していた黄興《こうこう》や宋教仁《そうきょうじん》のほかに七〇人ほどの中国人留学生、さらに宮崎滔天《とうてん》や黒竜会の内田良平が参加しましたよね。内田良平は頭山満《とうやまみつる》とともに大アジア主義を掲げながらまさに国権として大陸進出を画策していたのだけれど、彼らのなかには中国の近代化やそのための革命を本気で応援したいという勇み肌というか、勇む心もあったわけです。

田中　まさに「侠」という考え方ね。「侠」は中国にもあるし日本にもあって、人を扶《たす》けるということも含めたものです。日露戦争が終わってすぐに中国の革命結社が東京にできるというのも、すごい流れですね。

松岡　そこから辛亥革命までの道のりは決して平坦なものではなかったけれど、こういうことも戦争の重大な残響です。それで日露戦争のあとに話を戻すと、孫文と黄興や宋教仁との対立があったり、清朝が革命を警戒して取り締まりを厳しくしたり、日本政府も清の留学生の受け入れを制限したりして、だんだん同盟会の結束も危うくなっていくんですが、でも結局、清王朝のほうが持ちこたえられなくなった。かくしてついに武昌《ぶしょう》蜂起をかわきりに辛亥革命が起こった。これが明治の終わりの明治四四(一九一一)年です。

田中 そこから舞台が変わっていきますね。日本は明治三九(一九〇六)年に南満州鉄道株式会社をつくります。半官半民の会社。つまり日露戦争に勝利したことで得た満州開発に着手するわけです。鉄道を敷設するということは、満州が防衛線として非常に重要だということですし、鉄道を中心にして炭鉱や鉱工業もどんどん興していきますので、かなり大規模な植民地機構の準備に向かっていくわけです。

松岡 大正昭和の日本を語るということは、アジアや満州を含んだ日本をどう語るかということだよね。その初動期が重要です。初動期のセンターになるのが、満州です。日本はロシアから満鉄の権利を獲得するんだけれど、戦争で予算を使い果たしてしまい手元不如意《てもとふにょい》になっていた。そこで当初はアメリカの実業家のハリマンの力を借りて、日米がシンジケートを組んで満鉄を経営していくというプランが立ち上がります。でも、アメリカの満州への介入を警戒する小村寿太郎が反対して、プランはご破算になる。ではどうなったかというと、その後は初代総裁の後藤新平が辣腕《らつわん》をふるって、経営を軌道に乗せていった。昭和の話はここからです。ちなみに後藤がつくった満鉄調査部は、日本初の本格的シンクタンクだよね。かなり広域の知財が投入された。マルクス主義者や自由主義者がずいぶん満鉄調査部に入ってますよ。

田中　満州という土地が日本人のなかで非常に大きくなっていて、明治三九(一九〇六)年の時点で四〇万から五〇万人が満州に移住しています。社会主義者やコミュニストたちも、活動の場を求めてさかんに満州をめざした。この話を聞くと思い出すのは、江戸時代初期の朱印船貿易の時代に、日本のキリスト教徒が東南アジアにドーッと一〇万人ぐらい行って貿易をするんですね。そのあとに江戸幕府が鎖国政策をとって帰国禁止令を出すので、彼らはそこで死んでいくことになる。こういうふうに、満州にコミュニストがさかんに出ていったというのも、キリスト教徒が東南アジアに出て行ったという構造と、とてもよく似ていると思いますね。ほかにも、農家の次男や三男のように、日本のなかでは大成できない人たちも、満州をめざしていきました。

松岡　よく言えばノマドだよね。

田中　そうです。まさにノマド的な意識で流出していく。もちろん明治初期から移民政策というのはあったから、満州への移民も政策の一つでもあったし、日本を出て他の国で生活の糧を得ていくということには、日本人はなんの抵抗もない。でも満州経営が始まると、当然それを守るために朝鮮半島経営も強化していく必要がある。これが韓国併合につながっていく。

松岡　満鉄と韓国併合。そこだよね。ポーツマス条約によって、韓国は日本の勢力圏にあるということが正式に欧米に認められた。さっそく明治三八（一九〇五）年に日韓保護条約を締結して、漢城に韓国統監府を置く。初代統監は伊藤博文。いよいよあからさまな植民地政策がスタートします。当然のことながら、朝鮮半島各地で反日運動が起こり、テロが頻発する。ついには伊藤がハルビン駅で安重根《アン・ジュングン》によって暗殺されるという事件が起こって、これを機に、日本は一気に韓国を併合してしまう（明治四三年）。

しかし満鉄を中心とした満州経営にくらべると、韓国併合のガバナンスはかなりヘタクソだったと思いますね。ある意味では親身になろうとした。必ずしも圧政をしようとしたわけではないのだけれど、でもむりやりに同化政策を推し進めようとした。創氏改名を強要し、日本の神社を各地につくって、天皇崇拝を押しつけようとした。

田中　すでに話してきたように、明治初期から日本は朝鮮国に対し、「おまえたち独立しろ」と上から独立を押しつけていたわけですよ。それを「義」であるかのように装っていたけれど、この韓国併合によって本心が露わになった。植民地にして、やがては日本の国土に組み込むための併合ですね。領土の拡大競争は、つまり戦国時代への後戻りです。それとは異なる発展の方法を江戸時代で獲得したのに、アジアに拡大して戦国時代に戻ってしまった。それが欧米列強との競争の仕方です。つまり欧米はずっと戦国時代だったんです。

松岡　若き石川啄木が「誰《た》そ我にピストルにても撃てよかし伊藤のごとく死にて見せなむ」と詠みましたね。少し無政府主義にも憧れていた啄木が、伊藤が撃たれたことを歌ったわけだけれど、なんだか考えさせられますね。

田中　二四歳くらいのときの歌ですよね。

第一次世界大戦で得たもの

松岡　なぜ昭和は戦争に走ったのかという話に戻しますが、日露のあと、日本は戦争したいとは思っていなかったと思うんだよね。ところが第一次世界大戦が起こってしまった。この戦争で総力戦を戦ったヨーロッパの国々は、勝った側も負けた側も疲弊した。敗戦したドイツはマルクが暴落してパンを買うために札束が必要な事態に至った。アメリカはどうかというと、有利に立ち回った。日本は「勝ち逃げ」に気がついた。やはり有利に立ち回ることにした。日英同盟を理由にドイツに宣戦布告して中国で戦闘をして、ドイツが持っていたアジア・太平洋地域の権益を獲《と》っていったわけです。

戦後のパリ講和会議には、当時の原敬《はらたかし》内閣のもと西園寺公望《さいおんじきんもち》と牧野伸顕《のぶあき》が全権委員として出席しています。日本はアジアの戦争であった日清・日露に勝利し、今度は第一次世界大戦でも戦勝国となった。しかも今度の戦争では、ドイツが中国に持っていた権益を獲得することができた。こういうふうに世界規模の戦争でうまく立ち回れば大きな見返りがあるというようなことを、おそらく西園寺も牧野も見抜いたんだと思う。というか、「勝ち逃げ」を満喫しすぎたんだよね。大正四(一九一五)年には、中国に対華二十一カ条の要求を突きつける。ここで日本はたいへんな判断ミスを犯した。

田中　対華二十一カ条には、おおまかには、中国にあるドイツの権益を日本が継承すること、満州の租借権の期限を九九年にわたって延長すること、鉄鉱山を日中で共同経営すること、日本人の商工業者と耕作者のために土地の貸借権や所有権が得られるようにすること、必要に応じて中国全土に日本人警察官の配備ができるようにすること、といった要求が含まれていました。一言でいえば、日本の領土を拡大し、資源を確保して、軍備や警護を抑えておくという意図よね。

松岡　まさに帝国主義的な侵略を意図した要求。松本健一さんも、対華二十一カ条こそが日本の大失敗だったと見て『日本の失敗』(岩波現代文庫)を書いていますね。というのも、この要求に対して真っ先にアメリカが横やりを入れてきた。アメリカの中国における権益を守るためにね。じつはそれ以前からアメリカのなかですでに日本を仮想敵国とみなす考え方が生まれ始めています。もしアメリカと日本が戦争を起こすようなことになれば、まちがいなくイギリスやロシアもアメリカに加担するはずで、そうならないためにも日本はアメリカとのあいだで権益をうまく分け合っておく必要があるはずなのに、そこを日本は勇み足をしてしまった。アメリカと中国権益を争いながら、アメリカとの戦争をもっとも不利なかたちで迎えざるをえなくなっていく方向に向かってしまった。そう、松本さんは指摘しています。

田中　戦争をすれば儲かるという幻想にとらわれて、後戻りできなかった。

松岡　戦争をすれば儲かるなんて、小規模なものはともかく、とらぬタヌキの皮算用だよね。のちのベトナム戦争でもわかるように、ね。実際に、第一次世界大戦が終結すると、あっというまに戦後恐慌がやってきます。大正一二(一九二三)年には関東大震災が襲ってくる。その影響もあって、大正末期から昭和初期の日本は、恐慌に次ぐ恐慌に見舞われる。東北の飢饉《ききん》もあれば、米騒動も起こる。昭和二(一九二七)年には金融恐慌が起こり、その二年後にはウォール街の株式が大暴落して、ここからは世界大恐慌ですよ。世界中が自分たちの経済を守るためにブロック経済にシフトしていく。

ところが、日本は第一次世界大戦のときに得た幻想にしがみついてしまったんですね。どうにかして武力によって世界にかかわりつづける以外に、国内の苦境を乗り切る方法が思いつかない。かくして帝国主義的な対外政策に走るなか、さらなる読み違えを起こしてしまった。

田中　資源と市場を求めて、海外に出ていく。その手段として戦争が使われていく。

松岡　戦争があるかぎり、経済はバンバン回っているように見えるよね。だから軍事費を投入してでも戦争に加担して、経済を活性化していこうとする。戦争の歴史と経済の歴史の両輪は一八世紀の大英帝国のころから、ジョン・ローのころからずっとつづいていたことで、アメリカなんかそのために国をつくったようなものだと思います。そういうゲームを切りなくつづけていくことができるなら、それが一番効率いい。でも、そうはいかない。日本のように資源もエネルギーもない国は、こういうゲームをつづけていくことは無理がある。

間接統治にこだわるわけ

田中　昭和がアジアの戦果の争いのなかで始まったというのは、現代史の重大な問題ですね。競争から降りられなくなったのが昭和です。

松岡　戦争の準備をどのようにするかという競争の連続だったからね。

田中　それより他の政策がなくなってしまった。

松岡　そう、内部の矛盾は外の戦争でしか解決できないという思い込みのなかで昭和はスタートした。近代の国民国家の戦争は徴兵制のもとでの戦争ですから、そのまま国民にとっての戦争になるわけです。

田中　日本の徴兵制は、明治のかなり早くに始まりましたね。

松岡　明治六（一八七三）年かな。西南戦争のときには徴兵制になっていた。最初は奇兵隊をつくった長州が中心になって進めようとして、それがうまくいかず、山県有朋がすべてを引き受けていった。満二〇歳の男子に兵役の義務を課す国民皆兵《かいへい》を原則としたけれど、実際には免除規定がさまざまで、最初のうちは「あんな百姓どもに鉄砲を持たせて勝てるのか」などと言われていた。それでも西南戦争のときには近代的な軍隊として薩摩を武力制圧してのけた。そんなこともあって、不平士族もそれ以降は、武力ではなく言論で闘おう、民権運動で闘おうというふうに転換していくことになったんだけれどね。

田中　日清・日露で沸いていた国民は、当然、徴兵制による戦争を支持していたわけですよね。ただ、徴兵制によって日本もこれで近代国家、国民国家の仲間入りをしたんだという自覚については、どうも稀薄だったんじゃないですか。

松岡　国民国家になるということは、戦争国家になるということですが、いまもそういう自覚をもっている日本人はあまりいないでしょう。いま自衛隊を派遣するときに必ず日本はどこまで巻き込まれるのか話題になりますね。自分の身近な人が戦争に行くのは絶対いやだから戦争反対という理屈もよく聞きますが、もともと国民国家というものは「戦争含みの国家」なんです。そこだけを都合よくはずして国家でありつづけるわけにはいかない。戦争国家としての自覚がないままに戦争に向かっていってしまったことが、そのあとの昭和の戦争の体たらくを招いたようなものだからね。

もうひとつ納得できないのは、日本は朝鮮に対しても、中国に対しても、中途半端に「内部の派閥」を活用しようとして失敗してきたということです。とくに朝鮮に対しては、王宮を襲撃して反日派の閔妃《ミンピ》を虐殺するという無謀なことを仕掛けている。朝鮮政府で閔妃を中心に親ロシア派が力をつけていると見て、閔妃を排除して反閔妃の大院君《テウォングン》を中心にした親日政府をつくろうとしたでしょう。これは仕掛けたのは一人の日本の公使の独断でしたが、当然、国際社会からは非難ごうごうですよ。でも、日本での裁判では証拠不十分で無罪になっている。それどころか「愛国心」による義挙であるととらえる日本人が多かった。中国を相手にしたときも、孫文を応援したにもかかわらず、袁世凱《えんせいがい》と手を組んだり、そのくせ張作霖《ちょうさくりん》を殺したり、やっていることがどうも行き当たりばったり。

ようするに日本の傀儡《かいらい》をつくろうとしているのだろうけれど、なぜこんなことばかりするのか。世界史的に武力で占領した国に傀儡政権を置くというのはよくありますが、日本のようにむやみに傀儡をつくろうとするなんてことはどこもしていないでしょう。

田中　たしかに、むやみに傀儡をつくりたがるわね。

松岡　直接統治はしないで、間接統治にこだわりすぎるんだろうね。直接統治するとコストがかかりすぎるという問題もあるのでしょうが、どうもそれだけではないように思う。

田中　それが「日本のやり方」なのだと言えるのかという問題ね。たとえば江戸幕府の統治の仕方は間接的なんです。江戸幕府の統治は完全な封建主義じゃないんです。つまり封建領地を与えて全体を統括するということは、ちゃんとはやっていない。藩なんか置かないで直接統治して中央集権でやっていくというやり方だって、日本列島くらいの小さい国ならできたと思うんですが、それをやらなかったわけね。そのように、江戸幕府の統治の仕方がまず間接的だった。それから琉球に対しても、薩摩藩を通して統治しようとしていました。

松岡　そうですね。朝鮮半島との外交だって、対馬藩の宗氏を通してのみ行った。そのために対馬藩は朝鮮との貿易業務を独占していた。

田中　日露戦争に勝利した次の日に日韓保護条約を締結して、その三カ月後に韓国に統監府を設置しているのもそうですね。つまり、日清・日露戦争で勝利して、いよいよ韓国を占領するというふうにはしない。全面的に抑えるというふうにはしない。統監府を設置して、間接的に統治しようとした。

松岡　ずっとあとの話になりますが、太平洋戦争の敗戦で、日本はＧＨＱによってものの見事に間接統治されてしまいますよね。武装解除も財閥解体も農地解放も、あれこれの民主化指令も、唯々諾々《いいだくだく》と受け入れていく。受け入れるだけではなく、日本国民からＧＨＱやマッカーサーに宛てて、占領政策を賞賛する手紙や投書がずいぶんたくさん届けられたとも聞きます。こういう話を聞くと、日本人はもとより間接統治という方法になじみやすいのかなと思わざるをえない。

日本の権力システムの不思議

田中　完全に統治するのではなく、間接的にかかわる方法というのは、ひょっとしたらおもしろいやり方をとれる方法でもありますよね。

松岡　たとえば鎌倉幕府なんて、「執権」というよくわからない役職を将軍とは別に置いた。源氏将軍が三代で途絶えてしまうと、名目だけの鎌倉殿(将軍)を皇族などから迎えて置いておき、政治の実権は北条氏の執権が握る。これではいったい誰が統治者なのかさっぱりわからないけれど、こういう仕組みはそこそこおもしろい。

日本はずっと天皇を置きながら、政治は将軍を置いて武家が動かしていたわけですよ。江戸幕府は徳川家が牛耳るけれど、その承認は天皇が与えているというかたちをわざわざ取っている。そういうなんともいえない「間接の束《たば》」みたいなものを徹底して組み合わせていったら、どういう国になるのかというのは、ちょっと見てみたい気もする。

田中　明治以降の天皇制もそうですよ。中央集権的に天皇に権力をもたせたわけではなく、天皇は統帥権はあるけれども意見は言えない。すべて意見が出揃って討議が終わったところで、それを承認するだけ。

松岡　だから天皇は機関でいいんだ、国家の方針を決めるのは議会であり、天皇は議会の意思に従っていればいいいんだという考え方が出てくるんだよね。明治日本は王政復古はしたけれど、あくまで天皇は制限君主でいいという考え方は当初からあったものです。この合理派に対して、いやいや天皇は日本民族の象徴であるべきなのだと考える一派もずっと存在していた。大久保や伊藤はそのあたりの対立をうまくつかっていた。政府や軍部にとっては機関にすぎない天皇を、国民に対しては尊崇の対象に仕向けていった。制度のつくり方は行き当たりばったりなのに、こういうところは、へんに巧妙なんだよね(笑)。

天皇機関説は美濃部達吉《みのべたつきち》が理論化して、大正時代にはすっかり通説になっていくんですが、それを軍部や右翼が攻撃する国体明徴《めいちょう》事件が起こって(昭和一〇年)、以降は天皇機関という考え方は封じられてしまいました。美濃部の本も発禁処分になってしまう。どんどん軍国化していく日本で、尊崇の対象としての天皇像ばかりが強調されていくようになっていく。

田中　そのことについて言っておくと、天皇機関説は天皇を、法人としての国家を代表する存在で、憲法に従って統治する最高機関であると規定したわけだから、日本の歴史のなかでの天皇の現実のあり方をそのまま表した説です。現状肯定ですし、何かを変えようというものではないですね。だから通説になった。むしろ現状を変えようとしたのが、国体明徴運動を起こして美濃部達吉を放逐《ほうちく》した側です。

「国体」を明徴、つまりはっきりさせるという運動ですが、どうやってはっきりさせるかというと、国の統治権全体を天皇に委ね、国民も天皇に絶対の忠誠を誓うという方法ではっきりさせようとした。逆に言えば、「国体」というものには神話以外に歴史的な根拠がなく、はっきりしないからモヤモヤしている人たちがいて、天皇を絶対視することによって「はっきりさせたい」というわけでしょう。これはいまだにある権威主義の正体ですよ。権威主義とは依存です。権威ある者がすべて決めてくれれば何も考えなくてよい。責任も問われない。しかし日本の歴史の特質と面白さは、二重統治のほうだったはずです。

松岡　そのあたりをもっと議論したほうがいいよね。既存のものでは、鋭いものはあまり多くはないけれど、日本の間接的な政治システムの奇妙さについて、カレル・ヴァン・ウォルフレンが『日本／権力構造の謎』（早川書房）という労作でつぶさに書いていた。ウォルフレンは、日本という国はどうも権力行使をどうしたいのかがわかりにくい、権力行使をあえて見えなくする仕組みをもっているのではないかと考えて、日本の政治システムや官僚制度や警察組織、財界から圧力団体までを調べ上げていくんですが、結局、日本の権力構造はまったく見えてこない。仕方なく、日本の権力構造は欧米が考えるようなものとはかなり異なる「システム」になっていて、そこでは複数のアドミニストレーター（管理者）が絶妙にツボを抑えてその都度の政治をしているとしか思えないものになっている、というふうに結論づけています。つまり、日本の権力構造は、どこまで掘り下げてもあいまいで、はっきりしないと言ってるんです。

こういう日本のあり方も確かにわかりにくいけれども、ぼくはけっしてダメだとは思わないんです。「代理」を束ねるという、まったく新しい仕組みを生み出す可能性だってあるはずです。でも、欧米なみの国民国家をめざして戦争を仕掛けていく国になろうとしていた近代日本では、トップディシジョンがはっきりしない、あえてそこをぼやかしておくというやり方では、やっぱりうまくいかなかった。結局、昭和日本の大問題がそこに根差していたように思いますね。

田中 欧米を模範にすると帝国主義的な絶対君主をつくらざるをえなくなるけれど、日本の天皇制のあり方では、それもできなかったわけですからね。中国や西欧のように革命を通して君主を「選ぶ」という行動ができないからです。それなら、「代理」を束ねるという方法を意識化し、欧米とは異なる方法として選択する、という行動が必要だったはずです。

松岡 そこに新たなエディティング・ステートをどう考えるかということも関係しますね。

2 二つの戦争

岡本太郎「傷ましき腕」(1936年．49年再制作)
真っ赤なリボンから伸びるたくましい腕に，黒い紐が巻きつき，傷のようなものも描かれている．戦間期のパリで独自の表現を求めて苦闘するなかで産み出された作品．川崎市岡本太郎美術館蔵

日中戦争への道程

松岡　昭和って濃淡が異様に激しいので、濃ゆいところを塗りつぶしていくとどろどろになるし、淡いものを掘りおこしていくと、みんな私小説になる。オモテとウラ、ソトとウチが何層、何十層にもなっているんですね。そういう昭和をダイナミックに語るってむずかしいね。

田中　歴史語りといっても、二人ともその半分以上を体験しているし、とはいえ同時代というには、私たちが生き始める以前にかなり決定的ないくつかのトリガーが動いてしまっていたわけでしょう。

松岡　そうだよねえ。抜き差しならないところから引き受けざるをえない。でも同時代史ってそういうものだもんね。宿命みたいなものがあります。宿世《すくせ》の語りというか。高校のころ、トーマス・マンやウィリアム・フォークナーを読んだとき、きっとそういうことだろうというものを感じましたね。でも、われわれもいつのまにかその語りをどうするか、何を語り残すのかというところへさしかかってきた。

田中　責任も感じます。

松岡　感じるね。ところが、若い世代に向けていざ語ろうとすると、何から話して何を説明しておくのがいいか、これがけっこうむずかしい。だいたい二〇代三〇代のときは、ぼく自身が知らない昭和史を学ぶ必要があったのだし、それ以降はしだいに見えてきた「昭和」を語るのは容易ではないなという気分になってきた。そうこうしているうちに昭和が終焉した。じつは一九八二年九月に「遊」の特大号で「昭和が終っちまう前に」という特集を組んで吉本隆明さんとの対談をしたんですが、とうてい語りえなかった。

田中　憶えています。どうだったんですか。

松岡　なんだか痛い思いだけが残りましたね。

田中　その気持ち、わかる。

松岡　たとえば、第一次と第二次の世界大戦の戦間期に海外にいた日本人は、どんな思索をしていたのかということなども、もう少し探索してみたいと思っていた時期もあるんです。画家だけを取ってみても、日系移民としてアメリカに渡り日本の戦争に厳しい目を向けつづけた国吉康雄、パリのエコールで華々しい活躍をしたあと軍国日本の協力者と言われるような戦争画を描いた藤田嗣治、パリで前衛画の影響を受けて独自の画風をつくり、戦後に日本の縄文文化に注目した岡本太郎など、まったくちがう思想やスタイルを形成していったわけです。こういう日本人たちにも、もっと注目するべきだったのに、なかなかできないできてしまった。というわけで、われわれ二人がどんな同時代の昭和を体験したかということの前に、まだまだ語っておくべき昭和の「顔」があるはずだと思うのだけど、ここまでの話しの流れを受けて、昭和前史が戦争に突入していった背景を振り返っておきますか。

田中　はい、けっこうです。

松岡　難問は日中戦争への道程です。さきほども出たけれど、第一次世界大戦をやっているさなかに、中国に対して二十一カ条の要求を叩きつけたことが、まず非常に問題だったわけです。それによってアメリカが日本を仮想敵国として位置づけていくということになってしまった。これは同時に日本がアメリカを敵国視することにもつながった。それとともに、中国のこともあまりにも甘く見すぎていた。中国はパリ講和会議に代表を送って対華二十一カ条の無効を訴えるんですが、それが聞き入れられず、北京大学の学生たちが起こした五・四運動(大正八年)をきっかけに、全国に激しい抗日運動が広がっていった。

田中　それまでも中国ではたびたび抗日運動が起こっていたけれど、五・四運動以降はどんどん激しくなっていきましたね。

松岡　日本が相手にしていた中国という国は、一枚岩の国ではなかったんです。北京には軍閥政府があり、それに対抗して孫文が広東に軍事政府をつくるんですが、これが内紛つづきでなかなか安定しない。そこで孫文は五・四運動の盛り上がりを見ながら新たに中国国民党を組織して、それによって北京政府を討とうとしていた。北伐《ほくばつ》ですね。一方で、コミンテルン（国際共産主義インターナショナル）の指導のもとで結成された中国共産党もしだいに力を蓄えていく。あげくに国民党と共産党が抗日運動をバネにしながら、ずうっと鎬《しのぎ》を削っていった。国共合作で協力していくかと思えば、激しい内戦を繰り広げる。しかも国民党も汪兆銘《おうちょうめい》の右派と蔣介石《しょうかいせき》の左派に割れて、蔣介石が南京に新しい政府をつくっていく。

田中　いくつもの政府や派閥があらわれては離合集散した。とうてい一つの国であるとはいえませんし、とてもとても日本が御《ぎょ》していけるような状態ではない。それなのに日本は中国を雑に見ていた。

松岡　中国共産党には当然ソ連の動きがかかわってくるから、日本もずっと気にしてはいたはずなんだけれど。一貫して中国の政争は中国共産党の抬頭《たいとう》とそれを抑える側の闘いというふうな見方しかできていなかったんじゃないかと思います。日中戦争が始まると、それまで合作したり内戦したりしていた国民党と共産党がふたたび手をたずさえて（第二次国共合作）、それぞれがべつべつの軍隊を組織して日本に立ち向かった。こんな劇的な状況は、日本にはまったく読めていなかったと思う。

一方、世界的にみると欧米は第一次世界大戦後にトーマス・マンがそうだったように、「戦争はもうこりごり」という空気が広まって、一九二〇(大正九)年に国際連盟が設立されて、二年後にはワシントン海軍軍縮会議が開かれる。これによって日本の主力艦保有が米英の六割に決められてしまう。このあたりからアメリカと日本のあいだでの対立構造がはっきりしてきます。

田中　一九二四(大正一三)年にはアメリカで移民法が成立していますが、そのときに日本人移民が全面的に禁止されるでしょう。アメリカは一八七五年からたびたび移民の制限をしていて、一八九〇年代にはすでに排日が始まっていたんですね。私は二〇一八年に法政大学の総長としてロスアンゼルスの校友会(卒業生の会)に出席し、その折りに「全米日系人博物館」を訪問しました。そこで知ったのは、日露戦争以降に排日感情が高まり、子どもの公立学校への入学が拒否され、学童の集中隔離措置も行われたことです。一九〇七年には日本人のアメリカ本土入国を認めない措置をとる。カナダのバンクーバーでも大規模な日本人・中国人に対する襲撃事件が発生しています。一九一三年以降は土地所有と借地が禁止され、女性は白人との結婚が認められなかったんです。太平洋戦争勃発と同時に、一一万人以上の日系人が隔離されたのは周知の通りです。

黄禍論が吹き荒れた

松岡　アメリカの排日の背景には、「黄禍論《おうかろん》」(イエロー・ペリル)の影響も大きかったよね。一九世紀末には、すでにヨーロッパで、黄色い人種、すなわち中国人と日本人に対する警戒が広まっていた。後進的な黄色い奴らが、やがて近代的な経済力や軍事力を持つようになって、白人の国々を凌駕《りょうが》するのではないか、だったら早いうちにこれを叩いておくべきだといった言説が横行していたわけです。

黄禍論を知らない若い世代が多いようなので、ちょっと説明しておくと、この根っこはけっこう深くて広いんですね。もともとは一八九四年にイギリスの政治家のジョージ・カーゾンが『極東の諸問題』を書いて、イギリスこそがこれからの世界制覇をはたすべきだという主旨のもと、しかし近々に北東アジアにおいてロシアと覇権をめぐって対立するだろうから、その前に中国の力を削いでおく必要がある、それには日本を〝東洋のイギリス〟にして中国と戦わせるようにもっていけばいい。そんな主張をするんです。この見方に乗ったのが「タイムズ」の編集長のバレンタイン・チロルです。まもなく日清戦争で日本が勝った。カーゾンとチロルの予想が当たったわけです。ただ、話はこれで終わらない。

こういうアジア情勢を横目で見ていた二人の皇帝が中国人や日本人の加害性をまとめて「黄禍《イエロー・ペリル》」と言い出して、黄色い連中を叩きのめそうよと言い出した。ドイツ皇帝ヴィルヘルム二世とロシア皇帝ニコライ二世です。二人は手紙を交わして「黄色い連中」に文句をつけはじめた。これがアメリカに飛び火して、中国人移民や日本人移民を排斥する法律を次々に成立させていく。ここからは田中さんが言われた移民法の連打につながります。かつ、日本が日露戦争に勝利すると、その矛先はもっぱら日本に向いていった。さっそくホーマー・リーが『日米必戦論』を書き、アングロサクソンは中国と同盟を結び、来たるべき日米決戦に備えておくべきだと吠えまくった。

田中 「黄禍論」には日本も反論しましたね。

松岡 鷗外が早かった。早稲田大学での講義録『黄禍論梗概《こうがい》』を読んだことがあります。岡倉天心も憤慨してますね。『日本の目覚め』で、欧米に蔓延する「黄禍論」は「白禍《ホワイト・ペリル》」であると断言している。一方で黄禍に対抗しようとするあまり、田口卯吉のように「日本人種アーリア人起源説」のようなトンデモ本を書く連中も出てきた。黄禍論も白禍論も日本人種アーリア人起源説も、その根っこにあったのは優性論です。フランシス・ゴルトンが提唱して、悪名高い優生学を各国に広めるきっかけになった。そこには、世界には優秀な人種と劣等な人種がいるんだ、それは遺伝子によって決定づけられているんだという、ジョゼフ・ゴビノー流の人種差別論もまとわりついていった。疑似科学です。

田中　欧米の黄禍論は、その後もずっとなくなりませんね。

松岡　そもそも人種差別がなくならないわけです。ただ話を戻すと、昭和初期に黄禍扱いされた日中が互いに泥まみれになっていったのは日本のせいでしょう。

田中　昭和二(一九二七)年の第一次山東出兵ね。これで、このあとは日中戦争から太平洋戦争にそのまま向かっていく流れになる。なぜこのタイミングで山東出兵だったのかということです。

戦争の動機をつくるための戦闘

松岡　状況的にはいろんな条件が複層的に関係しているよね。ひとつには、大正一四(一九二五)年に普通選挙法が制定されるわけだけれど、これ以降「国民の声」が幣原《しではら》外交を軟弱と非難するなどして、政治を大きく左右しはじめた。それから関東大震災以降、日本経済が破綻寸前まで混乱していた。貿易収支がどんどん悪化して、昭和二年には金融恐慌が起こる。これで日本の資本主義は中国市場への依存から抜けられなくなっていくんですね。一方、中国では蒋介石の国民党と共産党が共同して軍閥政府打倒を掲げて北伐を開始しています。あっというまに南京・上海を占領して南京に国民党政府をつくる。その勢いが満州・蒙古まで及んで、山東半島にまでその力が迫る恐れが出てきた。日本はたまらず、山東半島に向けて出兵してしまうんです。

田中　アメリカもイギリスも第一次山東出兵は黙認していたんですが、第二次、第三次山東出兵では日本を非難しはじめる。

松岡　日本の出兵によって日貨排斥運動が激しさを増して、いったんは中止された北伐がまた再開されたからでしょう。日本は張作霖《ちょうさくりん》をかつぎだして北京に傀儡政府をつくるんだけど、その張軍は北伐軍に連戦連敗してしまった。北伐軍は北京に入って、敗走した張作霖は奉天近郊で謎の爆死を遂げる。日本はこれを「満州某重大事件」として真相を伏せた。しかし、関東軍がウラで動いていたわけですね。こういう一連の日本の動きを見て、欧米は日本を危険視していった。

当の日本は、中国に起こっていた「革命運動」と呼ばれる自立運動の多様性、とくに紅軍を編成して勢いをもりかえしていた毛沢東の動きなんかはまったく見えていなかったと思います。これじゃ、中国を抑えきることはできない。

田中　日本は中国を理解しようとする前に、尾崎秀実《ほつみ》のようにいきなり東亜共同体論を持ち出してしまいましたよね。五族協和共同体もそうです。多様性を認めたうえでの慎重な共同体論ではなくて、いきなり理想主義的な共同体論になる。その一方で、のちに出てくる挙国一致体制のなかではいろいろな民族差別が起こる。韓国併合以降、当然朝鮮民族がどんどん日本に働き口を求めて入ってくるわけですね。中国人も入ってくるし、もちろんアイヌも沖縄の人たちもいるわけだけれども、そういう国内の多民族的な状況に対しても何もしない。ただ序列のなかに置いておくだけ。日本はその後も、そういう多様性の受け入れを一度もちゃんとしたことがないと思います。いまだにないと言ってもいいわね。

松岡　序列さえつくっておけば、秩序は守られるという発想なんだろうね。

田中　日露戦争のあと、「約一〇万人の犠牲者と約二〇億円の金を支出して満州の権益を獲得した」という言い方が日本のなかで広まった。この言説がずっと保たれてきて満州事変までつづいたんでしょうね。つまり日露戦争の記憶で満州事変を起こしてしまった。そうやって得た満州はどうしても手放したくない。それしか戦争の理由はなかったんだと思います。だから張作霖を殺害し、柳条湖の満鉄爆破を起こす。戦争の理由がないから、戦闘の動機をまずつくっていく。

松岡　資源問題も大きかった。日本には石油もシェールガスもない、石炭はあるけど埋蔵量も産出量もたいしたものではない。だから満州という大きな領土を求めた。列強と同じように、植民地を持つことによって経済的な補塡《ほてん》をしようとした。でも、こういうことがただちに戦争の動機になるわけではない。おそらく、戦々恐々という状況を動機にする政治に向かってしまったということもあるよね。「いまそこにある危機」を過剰に問題にする政治です。

『日本問答』でも話しましたが、中江兆民が『一年有半』そのほかで日本人における「侮外病《ぶがいびょう》」と「恐外病《きょうがいびょう》」ということを挙げています。どうも日本人は、他国のことを必要以上に侮る侮外病と、必要以上に警戒してしまう恐外病の二つの病気をもっているんじゃないかという指摘です。日本が理由なき戦争に突き進んでしまい、他国に説明できるだけの大義もたてられない理由には、この侮外病と恐外病も関係していたように思えてなりませんね。外国に対してとんでもない認識違いをして、むやみに戦々恐々としてしまう。この戦々恐々を戦争によってしかクリアできないと考えたのが昭和の石原莞爾《かんじ》型の日中戦争であり、太平洋戦争ですよ。

ぼくは中江兆民から石原莞爾まではつながると思います。

それと、やっぱり「国体」の問題だろうね。本当は日本人が自分たちでそこにメスを入れなければいけなかった。別に国体そのものがダメなのではない。そういうものはヴィクトリア王朝にもあったし、もちろんローマ帝国にもビザンチンにもあったし、場合によってはアメリカの民主主義もジェファーソンの宣言なんかも国体に近いわけだけれども、そういう他国の国体のあり方をほとんど研究しなかったんだと思う。国体を日本独自のものだとみなしすぎたんだよね。美濃部の天皇機関説は、あれはあれで国体の正体についての仮説ですよ。けれども、政治家も思想界も学問もそこを十分には突き詰められなかった。あげくに軍国主義のなかの政争で叩いてしまった。

田中　「日本の国体」というあいまいなものにこだわってしまったせいで、他国の国体にあたるものもわからなくなってしまったということなんでしょうね。当然、ロシアや中国で勃興していた社会主義が何かもわからない。

松岡　ロシア革命のグローバル社会への影響や、周恩来や毛沢東の登場とそのイデオロギーもほぼ読み違えてしまう。つまり社会主義、共産主義というものをまったく政府が読めない。一方的に弾圧ばかりした。大逆事件以降ずっと弾圧ばかりですからね。これでは世界は読めない。

世界は多様な「世界たち」なんです。

抬頭する共産主義

田中　なぜ日本は打って一丸になって「反共」に走ったのかしら。日本のビョーキ？

松岡　反共病ねえ。右翼思想と左翼思想が激闘して反共になったとは思えないね。明治末期の幸徳秋水や大杉栄や玄洋社の時期は、互いにリスペクトしているところがあったし、そこから反動的反共思想が先鋭化したわけでもないしね。あるとしたら、日本共産党が結成される動きを過度に警戒したということと、そのわりにそこにソビエト主義とコミンテルンの分析が加わらなかったということかな。コミンテルンから一九三二年に「天皇制打倒」の指令が出るんですが、それがひっくりかえって「反共」になだれこんでいったのかもしれない。もうひとつは中国に共産党が抬頭して、周恩来や毛沢東が登場するんだけれど、その動向に対する脅威かな。こういう予想外な情勢のなかで、日本は幸徳秋水を断罪して以来ずっと、あらゆる社会主義的な芽をつぶしていった。でも、あまりにも見失ったものが多すぎた。

田中　一九一七(大正六)年にロシア革命が起こって、世界で初めての社会主義国としてソビエトが成立する。これを受けて各国に共産党ができて、日本でも一九二二(大正一一)年に堺利彦、山川均《ひとし》、徳田球一らが日本共産党を結党しています。

私はこの動きのなかで、シベリア出兵に注目しています。一九一七年一一月にロシア革命が起こると、日本は翌一九一八年の一月、居留民保護を名目にウラジオストクに派兵します。さらにその年の八月に、米英仏の軍隊をはるかに超える七万二〇〇〇の大軍を送っています。このときはさすがに各新聞社も反対しましたが、それも無視して軍部はシベリアを勢力範囲にしようとした。ところがソ連革命政府は一九二〇年までに勢力を安定させたので、米英仏は撤退します。それでも日本軍はシベリアの支配に執着して撤退せず、二二年にようやく撤退を決め、それが完了するのが二五年でした。八年間で当時の金額で約一〇億円を費やし、戦死者は三〇〇〇人を超えた。

この日本の失敗はあまり表面に出ませんが、私はこのことが、関東大震災を機に始まる弾圧、大杉栄と伊藤野枝の虐殺、社会主義者・共産主義者への弾圧、中国やソ連の共産主義化に対する恐怖に関係していると思います。シベリア出兵の大失敗は、つまりソ連の強さの結果ですから、それに呼応するかもしれない国内の動きや、その後の山東出兵、満州事変を起こしていく動きに関係していたはずです。シベリア出兵はあまり論じられませんが、関東大震災百年につくられた二〇二三年の映画《福田村事件》(森達也監督)には、シベリアで戦死した夫の遺骨を抱える女性を登場させ、関東大震災虐殺事件の背景を示しました。

侮外病と恐外病はこの時点で「恐共産主義病」になり、戦後の今でさえ、気に入らない意見を聞くと「あいつは共産党だ」という言い方がされます。テレビ討論でもね。笑ってしまうくらいの時代錯誤ね。

松岡 日本には革命体験というものがありません。中国から孟子の湯武《とうぶ》放伐《ほうばつ》を入れないようにしつづけたし、陽明学的な革命を禁止した。というよりも、うやむやにしてきました。明治維新は起こしたけれど、あれは簡単に言えばソフトウェアとしての革命で、ハードウェアの改革までは至っていない。もちろん維新によって行き場を失った不平士族はたくさん出たし、それを西郷が背負っていったりしたけど、結局維新を担った薩長土肥の藩閥が明治時代を牽引していったわけです。だから、孫文が、蔣介石が、毛沢東が起こしたようなことは、日本は経験していません。蔣介石が共産党の協力を得て一〇万人もの革命軍を率いて北伐するなんて事態は、まったく予想できなかったと思う。こういうことも、戦々恐々としてしまった理由でしょうね。

田中 国家が革命によって変わるということへの恐れを過剰に持ってしまったということですかね。なぜそんなに過剰に対応していたのか。国内では過剰に反応していたのに、なぜ中国の動きについては読めなかったのか。もし中国がこれからどうなって、どういうふうに自立していくかということをちゃんと読んでいたら、満州事変には至らなかったのではないかと思うんです。そこをまったく読めないまま満州事変に突入して最終的に失敗するのは、やはり毛沢東の勢力が出てくるからですね。

松岡　毛沢東は柳条湖事件、満州事変の直後に瑞金《ずいきん》に労農派による臨時政府をつくる。それは中華ソビエト共和国臨時政府というもので、ロシア革命のモデルを使ったものだよね。ここから中国共産党の力が増大していった。国民政府を圧迫して、一九三四(昭和九)年からは大長征が始まる。国内は内乱状態です。日本はそういった中国国内の動静をつかめていなかったんだと思う。同じころ朝鮮半島では金日成《キム・イルソン》が出てきて、抗日パルチザン闘争を起こしているんだけれども、これも実態がよくわからない。日本は満州事変の直後にラストエンペラー溥儀《ふぎ》を立てて満州国をつくるんですが、これが国際連盟で否定されてしまう。リットン調査団によって「侵略行為」とされて、ついに国際連盟脱退へと突き進む。こんなのばっかり。

田中　ちなみに、そういう流れのなかで日本共産党は何をしていたんですか。

松岡　それも問題でね。日本の共産主義はずっと知識人のリーダーたちがコントロールしていたんですね。なので、いかに運動を広めて大衆化するかということが最大の課題になっていた。

工場労働者のあいだに党員をふやすとか、機関誌を発行するとか、選挙に勝って議席を獲得するといったことをがんばった結果、どんどん政府から警戒されるようになっていきます。

共産党の活動指針というのは、ソ連のコミンテルンから与えられるテーゼによって規定されていました。日本共産党というのは、正式には「コミンテルン日本支部」という位置づけです。そのなかで、とくに有名な「三二年テーゼ」というのがある。コミンテルンが日本共産党の任務について方針を出したもので、昭和七年、一九三二年に発表されたから「三二年テーゼ」という。このなかで、日本共産党の任務を、絶対主義的天皇制との闘いであると位置づけた。これ以降、「天皇制打倒」を掲げて共産党の活動がかなり先鋭化していくことになった。検挙者もさらに増大していきます。それくらい国際的共産主義陣営からは日本共産党の活動に期待があった。こんなふうになったのは、日本が天皇主義を海外に喧伝《けんでん》し、それを日本共産党が切り崩せなかったからです。

迷走する日本と毛沢東の戦術

田中　三二年テーゼのころ、ヨーロッパではナチス党首だったヒトラーがドイツ首相になりますね。

松岡　昭和八(一九三三)年ね。ナチスは正式名称が「国民社会主義ドイツ労働者党」。主義をいくつもはらんだキマイラのような党ですが、強烈なドイツ民族至上主義、つまりアーリア主義を掲げて登場して、あっというまに国民の支持を得てしまった。こういう民族主義的なムーブメントも世界中で巻き起こってたし、東南アジアでも民族主義的な運動がいくつも起こってるんですが、日本はそういった各国の民族主義の抬頭もつかみ損ねていたんでしょうね。

そんななか、中国では毛沢東の紅軍が一年ほどをかけて一万二〇〇〇キロを大移動して、国民政府に対して「八・一宣言」を出している(一九三五年)。これが中国の抗日民族統一戦線の宣言です。つまり、中国革命というのは抗日であるという戦略的設定をするわけです。抗日することによって中国の自決、民族の自決と労農革命を起こすというマニフェスト。

田中　中国は中国で、国家としてナショナリズムを培養しながら、着実に共産国として育っていきますね。けれども日本はやっぱり満州のことしか見ていない。そうして昭和一二(一九三七)年に盧溝橋《ろこうきょう》事件が起こる。これで日中戦争に突入です。北京郊外で夜間演習中の日本が中国とのあいだに起こした衝突事件です。のちにインパール作戦を率いた牟田口廉也《むたぐちれんや》が攻撃命令を出した。ここから事実上の戦争状態になるんですが、日本はこれをあくまで「事変」と呼んだ。だから宣戦布告もしないという立場に徹した。

松岡　中国はそれを受けて、第一次国共合作の失敗以来対立していた国民党と共産党、蔣介石と毛沢東が手を結ぶわけです。第二次国共合作です。こういうふうに中華民国という国家があまりにも複合的に変転しつづけたこともあって、くりかえしますが、日本にとっては中国がどんなふうに近代国家をつくりあげつつあるのかが見えていなかった。東南アジアを含めてアジアには近代国家、ようするに国民国家が成立していない、ヨーロッパにおけるナチスドイツのやり方でいけば楽勝だろうと思い込んでしまったんでしょう。そうしていまも大きな問題になっている南京事件に突入してしまう。日本としては国民政府の首都である南京を攻略すれば戦争は早期終結ができると思い込んでいた。ところが政府は武漢に逃れて、その後も激しい抵抗をしつづける。これで完全に読みがおかしくなった。

田中　毛沢東によるゲリラ戦にずいぶん手こずりましたね。彼らは広大な中国の全土にネットワークを張りめぐらして、いかようにも逃げる。こういう相手に近代的な戦争のオペレーションで向かっても戦いにならない。アメリカがベトナムや中東の戦争で失敗しているのと同じ構図に見えます。

松岡　それにしてもマオイズム(毛沢東思想)というのは、かなり変わっているよね。話がちょっとそれるんですが、ぼくが同時代の現代史に関心をもったのは一九六〇(昭和三五)年のことで、高校二年のときです。日米安保条約を阻止する安保闘争が全国化した年、アフリカで一七カ国が一挙に独立した年。ぼくは急に世界情勢が知りたくなって、いろいろ見始めた。そうすると、たとえば一九五六年にスエズ運河の国有化を宣言し、二年後にエジプトとシリアを合邦させてアラブ連合をつくったナセルとか、ベトナム民主共和国の社会主義化をめざし、その後にベトコンを組織したホー・チ・ミンとか、あるいは「イリュリア・モデル」という市場社会主義を確立しようとしたユーゴスラヴィアのチトーとかは、かなり風変わりでもそれなりに理解できたんですが、どうも毛沢東だけはわからなかったんです。あれは変じゃないかと感じた。

田中　その話、初めて聞きました。

松岡　じつは、いまだによくわからない(笑)。

田中　文化大革命がおかしかったから？

松岡　いや、その前の抗日戦線や中国共産党確立のためのゲリラ戦術の時期の毛沢東の人民戦略がすでにして、どうも納得できないんです。

田中　どのへんですか。

松岡　昭和問答から離れてしまうけれど、毛沢東の思想は「大公無私」(個人の利益より公共の福祉の優先）と「実事求是」（現実のなかに理論があるという見方）が核にあって、そこに農村大衆が都市を囲いこんでいくゲリラ戦術が徹底されるという人民戦線論になっているわけですね。だから農村社会においては批難や暴力が肯定され、エリートが突き上げられていく。これは毛沢東独得の一種の反知性主義です。こうなっていったのは、マルクス・レーニン主義による共産主義思想に、中国の新石器時代からの農耕社会力が合体しているからで、では農村コミューン主義かというと、そうではない。上からの人民公社型の共産主義ですよ。ここがよくわからないんだよね。だからサルトルやゴダールがマオイズムに加担したことも、ＹＭＯの毛沢東シンパ感覚も、どうも共感しきれなかった（笑）。

田中　そういうことですか。おもしろいですね。

松岡　いやいや、話がちょっと脱線しました。

田中　そうでもないですよ。

松岡　話を戻しますね。当時の毛沢東のやり方は、各地の農村で多発的にゲリラ戦を展開していくものです。おかげで日本軍は何十万もの兵力を長大な戦線に分散させるしかなくなってしまう。なんとか戦局を打開しようと焦った関東軍は、昭和一三（一九三八）年に張鼓峰事件、そして昭和一四年にノモンハン事件を起こしてしまう。両方ともソ連を相手にした戦いだよね。

日本陸軍にとっては、この段階でもソ連こそが一番の仮想敵国だったんですね。ところがこれは大失敗だった。こうして中国との戦争が泥沼化するなか、ソ連相手の戦いでも失敗し、日本は完全に行き詰って東南アジアに鉾先を変えていく。話をとばしていえば、これを警戒したアメリカが日本を経済封鎖したことから、ついに真珠湾に突っ込んでいくことになった。

田中　日中戦争の途中で、近衛首相が「国民政府を対手にせず」という声明を出していますね（昭和一三年）。中国との和平交渉を打ち切るという意味で言ってるんですが、そもそも日本の戦争の相手は国民政府なのか、毛沢東なのか、いったいどことの戦争なのかも判然としなくなっていくんですね。で、最終的に日中戦争に負けた。

松岡　いまの大学生や若い人たちは、日本がアメリカに負けたことを知っていても、中国に負けたとは思っていないみたいね。でも日本は、もちろん日中戦争でも負けました。ただ中国は日本に進軍してきてまで戦うつもりはなかった。日本が来るから抵抗しつづけるという戦いなので、日本の敗北というのは結局ポツダム宣言まで延びるんです。太平洋戦争とともにやっと日中戦争も終わる。

田中　結局、ノモンハン以降はずっと敗北の連続だった。

松岡　真珠湾攻撃以降、太平洋に戦場を切り換えていきましたが、一方では東南アジアの解放に向かって、日中戦争もどんどん間延びしていく。アームが伸びすぎて、日本は島伝いでとんでもない戦いを強いられていく。

日本軍に欠けていたもの

田中　日本の軍隊に決定的に足りなかったものといえば、いろいろあるでしょうが、一番欠けていたものは何だったのかしら。

松岡　うーん、戦略も戦術も足りなかったんじゃないかな。そもそも日本は戦争の目標すらあいまいです。たとえば、アメリカは日本本土への上陸作戦を最終目標というふうに明確に据えていたんですが、日本にはそういった最終目標がないままだよね。そのうえ陸軍は伝統的に仮想敵国をソ連とし、海軍はアメリカを仮想敵国とみなすというふうに、依って立つおおもとの考え方にズレがあった。根本的に、作戦は短期決戦ばかりを重視したため、兵力は分散しがちで、場当たり的な逐次投入になりがちです。短期決戦重視だから、防御やリスクマネジメントも軽視した。

田中　兵站《へいたん》の軽視もひどかったわね。

松岡　それも短期決戦重視の弊害とつながっていたでしょうね。日中戦争、太平洋戦争を通して、兵站力や駐屯力の不足はひどかった。利益線はわかっていても、そこで何をしていいかわからない。そこに行けば駐屯しつづけなければいけないし、そうなるとロジスティクス（兵站）も欠かせない。いろんな物資や人員がつねに補給される必要があるし、そのためには輸送路も確保しなければならない。傷病者を助けるための医療設備も必要になる。ヨーロッパではナポレオンの時代に兵站術を飛躍的に向上させたので、それ以降の国民国家の戦争というのは、徹底して補給戦になっていくわけです。ところが日本の軍隊はこの補給や兵站をえらく軽視してしまった。食料も現地調達でなんとかなると考えていた。ようするに略奪によって調達せよということです。

田中　とくにインパール作戦のときが一番ひどかった。兵站をまったく無視した戦略のもとに、インド北部のインパール攻略をめざしてしまった。食料は現地調達するしかないので、村に行っては人を殺し、食料を奪って食べる。戦況はどんどん悪くなる一方で、追い詰められた大勢の日本兵が餓死していきました。

松岡　大岡昇平の『野火』は、まさにそういう状況を描いてますね。この小説はレイテ島が舞台ですが、まさに戦地で食料が調達できなくなって、ついに人を食っちゃう話です。

そうなった原因として、日本は日清・日露で勝利してしまい、第一次世界大戦では労せずに利益だけを手にしてしまった、つまり敗北を経験することなくきてしまったため、まったく「戦争を学んでいない」ということが大きかったのではないかと思う。たとえば、有名なクラウゼヴィッツの『戦争論』は、あの世界に冠たるドイツ・プロイセン軍がナポレオン戦争であっけなく敗退したことをきっかけに書かれたものです。クラウゼヴィッツは当時副官として参戦していて、プロイセンの皇太子とともに捕虜になるという屈辱的な経験をしていたわけです。クラウゼヴィッツは、プロイセン軍の歴史とナポレオン軍の戦争を徹底的に比較した。ナポレオンは、遠征先の国の民族や文化や歴史を徹底的に調査する。それから統計というものを非常に重視していた。もちろん兵站や補給についても各段に体系化されていた。こういうことをいろいろ知って、クラウゼヴィッツは戦争に必要なものは、ストラテジー(戦略)とタクティクス(戦術)と、それにロジスティクス(兵站)であるということを明確に打ち出していくわけです。

昭和日本には、こういう戦争研究があまりにも少ない。日清・日露に勝ったのがアダになっているんですね。だったら新たな敗北や撤退から学べばいいんですが、ノモンハンの敗北からも何も学ぼうとしなかった。

田中　陸軍学校や海軍学校はあったけれども、現実の戦争のことは学べなかったという事情もあったんでしょうね。『失敗の本質』（中公文庫）という本のなかに陸軍の学校がどういう仕組みだったかということが非常に詳しく説明されています。それによると超優等生、超エリートを育てるんです。でもそれは単なる優等生、いまの私たちが思う「優等生」のイメージそのものなんです。そういう優等生がやがて戦争のリーダーになっていく。当然、戦争の現場では限界がある。思考力を持っていない優等生たちが、自分たちが叩き込まれたそのやり方を軍事に反映させて作戦を立てるので、現場に合わせて臨機応変に対応するということができないという状況になっていく。

松岡　成績主義でヒエラルキーをつくっているだけ。それを戦場にあてはめた。

田中　以前、朝日新聞がノモンハン事件についてくわしく取り上げていた記事があっておもしろかったんですが、一九六〇年代の初めにアメリカ人の歴史家が、戦争当時に将校だった日本人三六人にインタビューした、その記録が南カリフォルニア大学に残っていて、朝日新聞がそれを分析している記事なんです。それによると、関東軍の特務機関がハルビンにあって、ソ連側の電報の傍受に連日約八〇人が当たっていたそうです。だからソ連の極東空軍司令部の人びとの動きはものすごくよくわかっていた。家族との電報のやりとりまで全部摑んでいた。それから爆撃機がどこかから出撃すると無線の交信が行われるので、そういう情報も摑んでいた。

ところがそうやって八〇人の日本人がハルビンで情報を獲得しているのに、情報班というのは関東軍の参謀部の作戦課のエリートに比べて下に位置するので、情報班の情報を活用もしなければ受け取りもしない。報告は来るのに、エリートたちはそれを取り合わなかったんだそうです。自分たちが調査した範囲でしか作戦を立てられないので、結局ノモンハン事件ではソ連にめちゃくちゃにやられてしまう。こういうことが、日本の戦争の現場ではいろいろ起こっていたようです。

松岡　ぼくは昭和が終わるころ(昭和五九年)に、「ニュードキュメンタリードラマ　昭和　松本清張事件にせまる」というテレビ朝日の番組の企画構成を担当したんです。全部で二五回ほどあって、東京ローズ、スパイ・ゾルゲ、帝銀事件、浅沼刺殺、連合赤軍などなど、昭和の事件を次々取り上げた。そのとき清張さんがしきりに言っていたのが、昭和は下の人の証言を研究しないかぎり何もわからない、ということでした。ずっとそう言っていた。清張さんは「週刊文春」で「昭和史発掘」という連載をたしか七年くらいやりつづけた。とくに二・二六事件について力を入れて取材してたんですが、そのときも、当時の下士官でまだ存命だった人たち一〇〇人以上にインタビューしています。ある意味では、清張さんの推理小説はすべてがそうですよ。つねに上にいる者と下にいる者の食い違いを描いてますよね。それをいまは山崎豊子や宮部みゆきや高村薫が継承している。上と下のずれを描くというのが日本のサスペンスの王道になっている。

田中　なるほど。

松岡　では、日本は上と下のずれによって、何を失敗したかということです。

フィードバックなき戦争

田中　そこですね。『失敗の本質』は、ノモンハン事件、ミッドウェー作戦、ガダルカナル作戦、インパール作戦、レイテ海戦、沖縄戦についての日本の失敗の原因を一つ一つ全部くわしく検証しています。それを読んでいて感じましたし、いまずっと話してきて改めて思ったことは、情報機関の欠陥ということだけではなくて、そもそも情報収集にも問題があった、何をもって情報とするかという点から問題があったということです。たとえば、中国を相手にするときに満州の情報だけ受けていてもしょうがない。共産党がどう動いているかということを含めて、国全体で何が起きているかという情報が必要だと思いますが、おそらくそれをやっていない。戦争における情報というのは何か。相手の戦力や戦略を読み切っていくということはもちろんですが、それよりももっとやらなければならないのは、相手の国がどういう国であって、どういう考え方をしているのか、といったことの情報収集ですよね。

松岡 それが本来のインテリジェンスだよね。インフォメーションとしての情報だけではなくて、意思決定のための情報に精通すること、意思決定を妨げる情報と人と機器と機関に渡りあうことがインテリジェンスです。

たとえば太平洋戦争前後のアメリカは、日本について、ルース・ベネディクトの『菊と刀』のような、ああいう民族学的な研究にとりくんでいる。ベネディクト自身、戦争情報局の日本担当チーフだったからね。そういう相手国の価値観や行動規範に関する情報収集や分析は、日本はほとんどできていなかったと思います。もちろん軍事力の分析もできていない。逆に、日本のインテリジェンスについては、どんどん吸い取られていた。暗号技術も破られた。

まあ、欧米にはドイツのエニグマ計画さえ暴いてしまうような天才がいっぱいいましたからね。イギリスのアラン・チューリングのような人たちです。そういう連中が近未来のコンピュータのひな型すらつくっていた。

田中 アメリカはミッドウェー海戦のときには、暗号を解読して待ち伏せできるほどに、日本の暗号の解読を進めていた。ミッドウェー以降は、ことごとく作戦を読まれっぱなしでしょう。

日本の暗号技術そのものは劣っていたわけではなかったそうですが、機密情報の扱いとか情報の解読のほうで大きな差が出てしまった。レーダーもそうです。レーダーの整備も遅れていたし、無線通信能力もまったく遅れていた。

松岡　日本の兵器開発は攻撃力ばかりを重視するあまり、ハードウェア偏重、ソフトウェア軽視に偏りすぎてたね。通信やレーダーやソナーのような技術も軽んじられた。

田中　情報やデータを軽視して、先入観で作戦を立てる。これでは精神論に陥っていくし、ダメージコントロールができなくなっていく。ガダルカナルでは、アメリカ軍が水陸両用作戦といって島から島に反撃を進める作戦をとっているんですが、日本は陸軍も海軍もそれを知らなかった。ガダルカナルにアメリカの海軍が飛行場を建設していたということも知らなかった。アメリカはガダルカナル攻略を日本本土決戦への重要な一里塚ととらえていたんですね。だからこのアメリカと戦うには日本も相当な兵力を投入しなければならないのに、あまりにも知らないことが多い。

松岡　B29の開発が進んでいることなども知らなかったみたいね。たまたま試作機が墜落したことから日本はそのことを知って、そこから情報収集をするんですが、B29の性能は長らくつかめていなかった。

そもそもエンジニアリングには、たった二つの道筋しかない。一つはキャリブレーション、すなわち熟練です。もう一つはフィードバック、すなわち修正力です。日本軍はつねにキャリブレーションのほうをとったんですね。兵器は量産せずに、一点豪華主義で高性能なものを生産する。その操縦は熟練者のみができる。一方、アメリカが重視したのは、フィードバックのほうでした。戦略を遂行しながら、戦術については情報を取り入れてどんどん軌道修正していく。だから武器も兵器も軌道修正しやすいような仕様にしていく。結果的に大量生産も可能にする。

このフィードバック技術を研究したのが、ノーバート・ウィーナーという天才工学者でした。第二次世界大戦中に、対空砲の自動照準の研究で軍に協力していたんですが、ここにぼくがずっと注目してきたロス・アシュビーの「最少多様性の法則」が加わって、これがのちに「サイバネティックス」につながっていくんですね。「最少多様性の法則」というのは、システムが最良に機能するには、そのシステムを包む環境の多様性と複雑性を、システムが同じ程度に持つといいというものです。サイバネティックスというのは、統計学をもとに力学的なフィードバックについて研究する科学で、それによってシステムを作動修正させる技術を組み立てたものです。ウィーナーの研究はその後、コンピュータサイエンスに生かされていきますね。ある目的をもって行動する生物や機械の動きを研究し、それを制御するありとあらゆる工学へと応用されていった。ＮＡＳＡのロケットや衛星の軌道計算や、あまりぼくは好きじゃないけれども金融工学にもなった。ＡＩを先駆していた理論です。

田中　『失敗の本質』が描いているのは、まさにそのフィードバック力や修正力のない日本軍の実情ですね。まだやれる、まだやれると、ただただ進みつづけて、最後は玉砕してしまう。そもそも一つ一つの作戦の「目的」もはっきりしないから、フィードバックの掛けようもない。

松岡　軍事上の重要拠点のことを「コマンディング・ハイツ」というふうに言うのですが、欧米の軍事作戦では、これを絶対に握ろうとする。つまり一番有利な地政学的なポジションをとる。ガダルカナルでもアッツでもレイテでも、アメリカはまずコマンディング・ハイツを決めて、そこを抑えるために兵力を投入していく。そうやって戦闘の行動目的をはっきりさせる。日本の場合は、場当たり的な兵力投入をくりかえし、追い込まれると、全員がかりで玉砕するということばかり。

田中　でもね、それだけの工学技術をもっていたアメリカは、ベトナム戦争では敗退しましたね。これは、それよりももっと大きな意味での目的、つまりベトナム戦争に勝つことによって何を達成しようとしているのかということが途中からあいまいになっていったせいなんじゃないかしら。共産主義に勝つと言いつづけていたわけだけれども、それすらも途中からただのお題目のようになってしまった。

松岡　ベトナム戦争の失敗ねえ。これは昭和史の晩期に向かっての問題とも大きく絡みますね。しかもアメリカにおいては、それがずっと湾岸戦争やアフガン戦争やイラク戦争にまでつづくよね。ということは、このことはアメリカに追随しつづけている平成・令和の日本にいまなお絡むということだよね。ぼくは、アメリカのお題目が空語《くうご》になっていったのは核抑止力に対する過信だと思う。いまや核は何の抑止力でもなくなってますよ。

田中　アメリカはいまも軍事力をもってイスラム圏に介入するんだけれども、それによってイスラム圏をどうしたいのかという目標が見えない。イスラム圏をアメリカ化することが目標なのか、それでいったいどうなるのか、その価値観も共有できないものになっていますね。

松岡　ということは核抑止力とともに、民主主義も過信しすぎているということだよ。戦争と核抑止力、戦争と民主主義という二項対立は、もう説得力を失っていますね。それよりもエディティング・ステートの工夫に向かうべきです。

3

占領日本が失ったもの

国吉康雄「祭りは終わった」(1947年)

国吉は，戦前からアメリカで活躍し，戦中も「米国人画家」として日本の侵略戦争を強く批判しつづけた．この絵は，武力を誇る戦争の時代が終わったことを象徴するとされる．岡山県立美術館蔵

GHQ占領と一億総懺悔

松岡　さて、ここからは敗戦後の昭和の問題について交わしてみましょうか。キリがないくらい、いろいろあります。ぼくが昔、GHQの占領政策についてのドキュメンタリー番組を見て一番驚いたのが、日本国民の多くがGHQの占領政策のことをものすごく賞賛していたという話です。日本をあっというまに非軍事化して民主化して、農地改革も財閥解体もしてくれた、たいへんありがたいという感謝の手紙が、日本中から何十万通とマッカーサー宛てに届いた。この変わり身の早さはなんだと思った。

田中　GHQによる日本の占領はなぜそこまでうまくいったのか。これは大問題ですね。その後アメリカが軍事介入して民主化をしようとした国々のどこよりも、日本の民主化はうまくいった。日本だけうまくいったといってもいいくらい。

松岡　それだけに、アメリカにとっても日本にとっても、この占領の成功体験が、長きにわたって都合よく使われたんじゃないかというふうにも思えてくる。

田中　そうね。アメリカの成功を私たちとしてはどう語れるのか。

松岡　たしかにアメリカによる日本占領政策は、まるで月にロケットを打ち込んで月面に理想ミニ国家をつくっていくみたいな、まさにフロンティアを開拓していくというような独創的で実験的なものだったんだろうと思います。そのために投じたスタッフ、チームはみんな二〇代、三〇代の若いイキのいい連中ばかりだった。でも、そういうことができるためには、連合国の寄り合い所帯が日本を分割統治したんじゃダメなわけです。アメリカが日本占領のすべての権限を独占的にもつ必要がある。ここが日本占領作戦の最も重要なポイントです。

そこで日本が敗戦する以前から、アメリカは着々と手を打っていったわけだよね。ルーズベルト大統領がイギリスのチャーチル、ソ連のスターリンと会談してヤルタ体制をまずつくる。広島と長崎に原爆を落として、ヤルタ協議にもとづいてソ連が参戦し、日本にポツダム宣言を受け入れさせ、無条件降伏させる。しかし、ここからはソ連を排除して、アメリカが占領権を独り占めにする。このシナリオにもとづいて戦後の世界秩序のあり方を構想していけるようにしたんですね。マッカーサー元帥のもと、用意周到な占領政策を次々と立案しては実行していったわけです。

田中　まさにそうでした。同じく敗戦したドイツの場合は、連合国でドイツを分割統括しましたからね。日本の場合は、そこがアメリカ独占になった。

松岡　とくに日本敗戦の最終場面では、つまりポツダム宣言受諾直前の最終場面では、スターリンのソ連が強力に介入してきて、北海道や東北日本をソ連統治にする可能性もあったわけだよね。ヤルタ体制のままだと、ドイツの東西分裂やベルリン分割同様のことも起こったかもしれなかった。それをアメリカが巧みに出し抜いた。これがとんでもなく巨《おお》きな分岐点です。

そのうえで、アメリカの日本占領政策が矢のように連打されていった。このシナリオがまさに「昭和」とその後の今日に至る「日本」の命運をすべて決することになった。

にもかかわらず、これを詳細に検討することは、いまの日本人の〝宿題〟としては稀薄になっています。天皇の問題、憲法の問題、東京裁判の問題、日米安保条約の問題、経済政策の問題、民主主義の問題、独立の問題など、大問題のほぼすべてが占領政策の施行とともに確定してしまったのに、今日の日本はそういうシナリオから脱したかのように錯覚しているよね。

田中　困ったことです。

松岡　もちろんGHQの政策が成功していたばかりじゃないということは、いまではわかっています。GS（民政局）のホイットニーとG2（参謀第二部）のウィロビーが対立していて、そのせいで占領政策にはブレがあったこともはっきりしている。でもそれすら、いまのアメリカの民主党と共和党じゃないけれども、互いに相いれない思想や方針をもつ者たちが、独創性をもって争いあって物事をなしとげていく実験だったんじゃないかと思えるようになってますよね。これに対して日本側は、幣原喜重郎《しではらきじゅうろう》から吉田茂に至るまで、つねにGHQが打つ先手にただただ追随していくしかなかった。

もうひとつ、GHQが占領政策を組み立てるにあたって参考にした日本や日本人の民族学的解釈というのは、ベネディクトの『菊と刀』がそうであるように、たぶんにオリエンタリズムが混じったものだったということも指摘しておく必要があります。そういうものをもとにしてつくられた戦後日本の民主主義というのは、はたしてどう評価されうるものなのか。そこはまだ日本人も十分に検討してきていないよね。たとえば、天皇の活用の仕方なんて、日本人にも思いつかないようなことだったわけでしょう。大澤真幸さん的に言うと、アメリカは「第三者の審級《しんきゅう》としての天皇」というか、そういうことまで組み立てていたわけです。

そういうことも含めて、じつは日本についてのとんでもない誤解にもとづいた組み立ても混じっていたのだし、そのうえでつくられた憲法についても、はたしていまのままでいいのかという疑問が、ぼくにはずっとあるんですね。

田中　私がすごく気になっているのはポツダム宣言です。ポツダム宣言のなかに「日本国国民を欺いて世界征服に乗り出す過ちを冒させた権力および勢力を永久に除去する」という項目がある。これは、国民と軍部をはっきり分けて、軍部を排斥するということで、「除去する」という言い方をしている。ところがポツダム宣言受諾後に総理大臣に任命された東久邇宮《ひがしくにのみや》が、「一億総懺悔《そうざんげ》」を訴えるラジオ放送をする。一億総懺悔することが、国家再建の第一歩である、「敗戦の原因について、前線にいた者も銃後にいた者も、軍人も官僚も国民も、ことごとく静かに反省しましょう」と言っている。つまり、国民に対しても敗戦について負うものがある、反省してくださいと言っている。これは国民は欺かれたのだと言っているポツダム宣言とは、あきらかに違います。この二つのズレは、どういうことなんだろうと思う。

松岡　うん、ポツダム宣言的な分け方は戦後日本のなかで浸透せずに、一億総懺悔のほうが浸透してしまった。

田中　その結果どうなるかというと、みんなが加害者なのだ、みんないっしょなんだということで、個々が何を加害したのかということは、あまり考えなくなってしまう。ちなみに、第二次世界大戦で日本を敵国だとみなしていた国は四五もあったそうですね。ほかに国交を断絶していた国も六カ国あった。あわせると五一もの国になります。それだけの国を相手に戦争をしていたんだというような自覚は、ほとんどの日本人はできていなかったのではないか。

松岡　自分たちは加害者かもしれないけれど、戦争の被害者でもあるんだという空気もあったでしょう。

田中　たとえばドイツの場合は、連合軍によって徹底的に非ナチ化されて、それが終了してからも、近年にいたるまで、ナチに関与した人たちを自分たちで訴えて裁判にかけるということをずっとやりつづけましたよね。ところが、日本はそれをやらなかった。自分たちで戦争犯罪について考えることも、戦争責任について考えることもやめてしまった。そうなってしまった原因のひとつに、この一億総懺悔があったように思えてならないんです。

もうひとつ、私は半藤一利さんの『昭和史　戦後篇』(平凡社ライブラリー)を読んだときにたいへん印象深かったのが、八月一五日に終戦したその三日後に、日本が特殊慰安施設をつくっているんですね。そのための特殊慰安施設協会までつくって「特別女子従業員」を募集して、八月二七日には一三六〇人が揃ったというすごい話です。最終的には五万人以上もの女性たちが集められました。

松岡　米軍が日本に入ってきたときに何が起こるかを考えると、まっさきにそれが必要だというふうになった。

田中　そうなんです。それとともに、日本軍が敵国を占領したらどうなるかという想像の裏返しでもあっただろうと思うんですね。つまり、敵国の女性を犯すことが勝利するということの意味なのだと、日本人は考えていた。このことに、衝撃を受けたんです。しかもそのときに、売春する女性と良家の子女をはっきりと分けて考えているんですね。つまり、良家の子女を守るために売春する女性を募集した。こういう構図はもちろん江戸時代からずっとつづいているし、遊廓の存在もまさにそのためでした。家制度を守るために売春する女性を必要とした。それが昭和になっても変わらなかったということなんですよ。

松岡　兵士によるレイプ事件はどんな戦地でも大問題になっていたのだから、日本人がそこを真っ先に心配するというのもわからないではないけれど、ただ、日本がいよいよ占領されるというときに、日本側から積極的にやったことが慰安施設の整備だったというのは、あまりにも情けないね。

東京裁判をどうみるか

田中　松岡さんは、ご自分が主催する日本の歴史文化の塾などで、「東京裁判」をよく取り上げているそうですね。その目的はどういうところにあるんですか。

松岡　東京裁判そのものを歴史問題として取り上げるというよりも、小林正樹監督のドキュメンタリー映画《東京裁判》(一九八三年公開)を見なさい、という話をしています。小林正樹は、五味川順平が満州を舞台に日中戦争を描いた《人間の條件》を一〇時間近い大作映画にして発表した監督です。それもすごいんですが、武満徹と組んで《切腹》とか《怪談》とか、ずっとおもしろいものを撮っているなと注目してました。とくに《切腹》は一人の武士が切腹という手段をもって武士社会に闘いを挑んでいくという凄まじい作品です。その小林正樹が、何年もかけて記録フィルムを集めつづけて《東京裁判》をつくった。これは見ないわけにはいかない。

で、実際に見てみたら、本当に驚くような内容だった。日本の戦争へのプロセスにしても東京裁判そのものについても、当時のぼくがまだ知らなかったことがずいぶん描かれていた。いまでこそ半藤さんの『昭和史』をはじめ便利な参考書はいっぱいありますし、『失敗の本質』のように、日本の軍事の問題点を整理した本もいろいろあるけれど、ぼくはこの映画で知ったことがすごく多かった。そんなこともあって、日本の戦争や東京裁判のことについてまだよく知らない人たちには、まずはこの小林正樹の映画を見てほしい、それからいろんな本を読んでほしいというふうに言ってきた。

田中　私も見ました。東京裁判についての記録に近い本も読みました。映画は、弁護士や被告たちの表情や振る舞いまで見えます。

松岡　メインは東京裁判の法廷の記録映像で、そこに日中戦争や太平洋戦争の記録映像を挟み込みながら、日本が犯した「失敗」というものを多角的にとらえています。キーナンをはじめとする検察側の主張、東京裁判そのものの正当性を問題にした清瀬一郎たち弁護人の奮闘や、インドのパール判事が投げた意見書まで、昭和天皇がどうして訴追を免れたのかといったことも含めて、かなり骨太に描いています。石原莞爾《かんじ》が山形で行われた出張法廷で証人尋問を受けたときのエピソードなどもおもしろい。石原はそのときは引退していて病床にあったんですが、「自分を戦犯にしないのはおかしい、思想のない東條英機と自分とのあいだには対立など成立しない」などと言いたい放題で、判事たちはたじたじになっているよね。

ラストは、東條以下に判決が言い渡され、死刑が執行されたことが伝えられて終わっていたと思います。

田中　「平和に対する罪」でA級戦犯容疑者が一〇〇人ほど逮捕され、東京裁判ではそのうちの二五人が裁かれた。結果、七人が死刑判決を受けた。でも、この「平和に対する罪」、ようするに日本が起こした戦争は侵略戦争だったと判定できるのかどうか、できるというならその根拠は何なのかが、ずっと問題になった。

松岡　東京裁判の根拠というのは、一九四五年の終戦間際に成立した国際軍事裁判所憲章です。その憲章にもとづいて行われた東京裁判では、それ以前に日本が犯した戦争を罪として問えるのか、そこが大きな争点になった。事後にできた法律で罪を裁けるのかという問題です。裁けるのだとしたらそれは「勝者による懲罰」にすぎないのではないか、勝った側の罪は問えないのか、アメリカによる原子爆弾は裁かれないのかといった疑問も当然出てきます。

それでも東京裁判は遂行された。第二次世界大戦を起こしたものは、ナチスドイツや大日本帝国の軍国主義である、ファシズムである、だからそのようなイデオロギーが出てくる体制そのものを裁かなければならないという意図が、そうとう強く作用したんでしょうね。これは一言でいえば、ヤルタ体制がつくりあげたシナリオだった。

田中　そもそも平和や人道に対する罪があるというのなら、戦争に加担しているすべての人が問われるべきものですよね。勝ち負けとは関係ない。半藤一利さんは、復讐の儀式じゃないかというふうに書いていますね。そういう面があったのでしょう。戦争の勝敗はすでに決まっているけれど、それだけでは何かが終わらない、気が済まない、だから何らかの儀式によってすべて終わらせようとする。それまでの戦争は、そんなことをやっていませんよね。

松岡　敗戦国に賠償させるということはそれまでもあったけれど、第二次世界大戦の戦争裁判はヤルタ体制によって、戦争犯罪というものを敗者が担わなければいけないというルールが施行されるようになった。そうして、敗者に、「人類に対する罪」を犯したという裁定が下される。

日本はこれを食らった。多くの日本国民はおそらくほとんど理解できなかっただろうと思う。その後、日本では、東京裁判を受け入れるような立場を「敗北史観」とか「東京裁判史観」とみなす考え方が一時流行した。でも、東京裁判そのものはどう分析しても勝ち組の裁判であることに変わりないので、そこだけを議論して到達できる歴史観には何かがどうしても欠けたままになります。とくに日本の場合は、そこにアメリカの占領政治がリアルタイムにかぶってきたわけなので、戦争責任を問われることと民主化が同時進行したわけです。この二重進行の全容を適確に理解するのはかなりハードです。

田中 そうね、戦争責任と民主主義。

原爆の資料館に足りないもの

松岡 というわけで、ここは複雑な議論も必要なんだけど、敗者として裁かれるという経験をした日本が、そういうものを抱えたまま国家を維持していくというのはどういうことなのかを、もっと考えつづけたほうがいいと思う。それと、ある種のトラウマやスティグマを抱えながら、その歴史をどう語り継げるのかということをもっとやりつづけたほうがいい。何かの物語にするのか、新しい表現にするのか、あるいは何かに転換するか。そういうふうにして、東京裁判のことも敗戦のことも、語っていかなければならないんだろうと思いますね。

かつて日本の能は、まさにそれをやっていたわけでしょう。橋掛かりの向こうから無念や残念を抱えた者たちがやってくる、そして自分たちの物語をして、舞い納めてまた橋掛かりの向こうに戻っていく。直面《ひためん》のワキはそれをずっと見つづける。こういうことを何度でも描いたほうがいいと思います。

田中　たしかに法廷は、異なる考え方が交叉《こうさ》する演劇空間です。実際の証言を使いながら、演劇としてさらに掘り下げていく方法があると思います。さまざまに考えることになりますね。

児島襄『東京裁判』(上・下、中公新書)を読んで私が「やはりそうだったのか」と思いながらも驚いたのは、陸軍省軍務局長だった佐藤賢了中将が「そもそも大東亜戦争なるものは、英米などの経済封鎖が原因」と言い、さらに弁護団は被告を守ることより「国家による侵略という汚名を払拭すること」「皇室を巻き添えにしないこと」「日本には侵略政策はなかったこと」

「太平洋戦争は自衛の戦争であったこと」を主張すると決めていた、ということでした。どんな戦争も「自衛のため」と言って始まるものなので、それには驚きませんが、被告たちの多くが自ら罪を被るとしながら、「日本は悪くなかった」という筋を通すことで天皇を守ることに徹したことは、戦後日本の「無垢《むく》の天皇が君臨する無垢の日本」像をつくることになったのではないかと思うんです。こうして現実としての敗戦と「罪のない国体」が両立した。これでは反省しようにもできません。

松岡　もし東京裁判がなかったら、はたして日本人はあの戦争を自分たちで振り返ることができたのだろうかということさえ怪しく思えてくるよねえ。

田中　そこが足りないから、原爆のことも世界に対してきちんと語れない。

松岡　原水爆禁止運動もやっているし、ヒロシマ・アピールズもずっとやっているけれど、「負の東京裁判」とともに、他方における「負の原爆」を語る文脈を編集できていません。加害と被害のロゴス(言語)が分かたれていないんじゃないかな。

田中　原水禁運動が始まったのは広島と長崎の原爆からではなくて、ビキニでの水爆実験からです。あの実験で日本の第五福竜丸が被曝したわけですが、被害者の立場から興した運動ではなく、核実験や核戦争がつづくということに対して始まっている。広島とか長崎については、戦後すぐは何も言えない状態がつづいてきてしまったと思います。

松岡　いまだにやっとオバマが広島に来てくれた、やっとサミット各国の代表が広島平和記念資料館に来てくれた、という受け止め方をしているんだろうね。余談になりますが、編集のプロとして言わせてもらうなら、広島の原爆の資料館は、あまりにもおとなしすぎます。原爆をどう感じさせるかという仕事は、日本がもっと総力をあげて取り組むべきでしょう。ポール・ヴィリリオに「これからの博物館は〝事故の博物館〟であるべきだ」という考え方がありますよね。ヴィリリオは実際にも、その構想をフランス政府に提出していた。

田中　いまでも原爆の資料館に行くと胸が締めつけられますが、まだまだ足りないですか。

松岡　はい、資料の数も足りないし、見せるための手法が足りない。資料だって、いろいろな見方をもっと束《たば》にするべきですよね。新藤兼人の《原爆の子》や大江健三郎の『ヒロシマ・ノート』や湯川秀樹の思想も大事な見方です。スペースだって、あの一〇倍は必要でしょう。そもそもなぜ人間は原爆のようなものを生み出したのかというところから、ちゃんと見せていくべきです。被害のリアリズムだけではなく、兵器開発のプロセスも明示したほうがいい。ロスアラモスやオッペンハイマーも取り上げるべきです。それができないと、とうてい東京裁判のことなんて語れない。日本の戦争のことも語れない。それに、巨大な軍事技術や軍事産業というものと人間はどうやって向き合っていくのか、引いてはＡＩとかコンピュータとかインターネットも含めた技術産業と人間はどう向き合っていくのかという思想も育めない。

田中　なるほど、科学産業・軍事としての原爆というものまで、日本人としてもう一回とらえ直す。ただ心情、感情に訴えるだけじゃなくて。

松岡　それを、いつまでもゴジラに背負ってもらってるようでは困るんです（笑）。ゴジラも大変ですよ。

田中　ついに《シン・ゴジラ》まで出てきた。

占領政策の転換と反共の砦

松岡　それにしても、東京裁判でA級戦犯をつくりあげて処罰し、天皇のことは不問にする代わりに人間宣言をさせる。そこに加えて民主憲法をつくって与える。この三つ揃いは、日本ではまったく手がつけられないものでしたね。ところがそれをＧＨＱがあっというまにやってしまった。さらには学校教育の制度改革から給食のパンや脱脂粉乳まで、手を打ってしまった。これでは占領日本は、ぐうの音も出ない。

田中　でも、占領日本とアメリカとは違うんです。だんだんアメリカ本国とマッカーサーとのあいだにズレが出始める。昭和二五（一九五〇）年から、サンフランシスコ講和条約に向けてダレス・吉田会談が何回も開かれますね。あそこでは戦争を放棄した憲法とはまったく別のことをやっているわけです。軍事化しろという交渉をダレスがし始めた。

松岡　日本を「再軍備」させる。東西冷戦の影響ですね。その象徴が朝鮮半島を南北に分けた三八度線だったわけですが、昭和二五年に金日成の北朝鮮が三八度線を越えて南の韓国に侵攻して、朝鮮戦争が勃発しますね。マッカーサーは朝鮮戦争の国際連合軍、といっても実質はアメリカ軍ですが、その総司令官となって、なんとか仁川で形勢逆転をはかった。ところが毛沢東の中国が北朝鮮側について参戦してきた。こうして二進《にっち》も三進《さっち》もいかなくなった。三八度線で膠着状態になってしまう。朝鮮戦争が日本を軍事化させろにつながった。

田中　朝鮮戦争はマッカーサーがトルーマン大統領によって首を切られ、その後、休戦になりました。もともとマッカーサーとトルーマンは対立していたんですね。この朝鮮戦争で、日本はたちまちアメリカ軍の後方基地と位置づけられた。マッカーサーが君臨して進めてきたポツダム宣言やその結果としての日本国憲法は、日本に完全に戦争放棄させるということを徹底してきたのにね。東西冷戦の状況下で、日本に軍事力をつけさせて共産主義を瀬戸際で抑えようという相反する考え方が、同じアメリカから日本に持ち込まれてしまったわけです。これが止められなかったんです。

松岡 すでにヤルタ体制のなかで、戦後世界をアメリカとソ連がどう分けるのかという思惑が作動していたからね。その米ソの対立はドイツ分割や朝鮮の分割によって、どんどんあからさまになっていった。こうなると、アメリカは一歩も引けない。日本に関してはソ連に北方四島は取らせたけれども、分割しなかった。GHQによって完全にアメリカの支配下に置きながら民主化させた。けれども朝鮮半島では、金日成の北朝鮮が突如として武力侵攻を起こし、その北朝鮮を、共産主義国家を成立させた毛沢東の中国(中華人民共和国)が支援に回った。これで急速に事態が動き出したわけですね。

そういうなかで日本は、サンフランシスコ講和条約が参戦国ぜんぶとの全面講和なのか、アメリカを中心とする国々との単独講和なのかをめぐって、世論が割れてしまいます。アメリカはそんなことはおかまいなしに自分たちの影響下での日本の再軍備、ようするに「自衛隊づくり」に着々と向かう。世界戦略として、アメリカは最初から日本をソ連に対抗する地政学的な拠点として見ていたからね。それが朝鮮戦争をきっかけに、日本を再軍備してでも対共産圏の砦《とりで》にする、防波堤にするということが表沙汰になり始めた。

さすがに日本のマスコミも騒ぎ出したけれど、もう遅い。結局、講和条約は四九の国とのあいだで調印されましたが、ソ連は調印拒否、中国は招請されなかった。内容はアメリカ案がほぼそのまま通ったんですね。同時に日米安全保障条約が結ばれて、これで日本はずっとアメリカに従属させられることになった。とうてい独立したとは言えないよ。

田中　話が少し飛びますが、最近、旧統一教会の問題のなかで、「勝共連合《しょうきょう》」のことがにわかに注目されていますね。「勝共」というのは共産主義に勝つという意味です。あれは安倍元首相の祖父の岸信介に始まったことで、岸信介は反共組織「国際勝共連合」の設立者のひとりで、それがいまの自民党政治にも継承されてきてしまったという流れです。自民党政権が中心になって、積極的に反共政策を取りつづけてきた歴史があったということですね。

松岡　二〇世紀を通じて、自由主義陣営が共産主義陣営をずっと怖れつづけてきたことは明らかです。とくにアメリカが、共産主義というのは恐ろしいものだとして過剰な反共キャンペーンをしつづけてきた。それにしても、旧統一教会がなぜあんなふうに共産主義を忌み嫌うのか、なぜそんなものに自民党が加担してしまったのか、複雑怪奇な問題ですね。岸信介が六〇年安保の改定に走ったこと、その岸に満州帝国以来の日本構想が宿っていたこと、そこに反共主義が根づいていたこと、そのような国家観が自民党の根っこに絡まったままになったこと、この自民党体質に勝共連合が絡んでいったことは、かなり混みいっている。

田中　すでにベルリンの壁が解体され、ワルシャワ条約機構もなくなって、冷戦時代はいったん終わったわけですが、それでも反共や勝共という考え方によってまとまろうとする勢力がいまだにある。これは明らかに、中国の抬頭によって起こっているんだと思う。しかも共産主義とはどういうものかということよりも、経済力による脅威のほうが問題にされているように思うんです。

松岡　もうひとつは核兵器だね。数からいうとアメリカをしのぐ核兵器をソ連(ロシア)が持っています。アメリカ、ソ連の比ではないですが、いまや中国も持っている。このことが経済力とともに大きい。ただし核兵器というのは絶対に使用できない兵器です。アーサー・C・クラークの『地球幼年期の終わり』ではないですが、地球全体をそういう使えない核兵器が覆っていて、つねにそれを反射させながらすべてのことを考えざるをえないのがいまの地球の姿ですよ。そういう地球幼年期状態が冷戦後のいまもずっとつづいている。

憲法制定力と政治思想

田中　話を戦後の昭和に戻しますが、朝鮮戦争は日本の復興には大きなチャンスになりましたね。戦後すぐの日本は食糧危機や物資不足や大勢の失業者を抱え、それとともにものすごいインフレに見舞われていたんですが、朝鮮戦争のおかげで一気に特需景気になった。三年ぐらいのあいだに経済が持ち直してしまった。ただ、あの特需(朝鮮特需)があったために、戦後の日本をどう組み立てていくのかということを十分に考えるいとまもなく、そのまま経済成長に突っ込んでしまったように思うんです。

松岡　アメリカも、そんないとまを日本に一度も与えませんでしたね。アメリカだっていろいろミスをしているんですよ。朝鮮戦争もだし、ベトナム戦争だってそうだった。けれども対日政策については、日米安保という傘のもと、その後も日米構造協議、日米包括経済協議、日米自動車協議、年次改革要望書というふうに、次々と日本を抑え込もうとした。この圧力はかなり巧妙です。

田中　どうもある時期から、日本人は自分たちで物事を考えるということを放棄してしまったように思えてならないんです。いったいそれがなぜなのか。やっぱりGHQの占領政策がうまくいきすぎたせいなのか。たとえば、明治の民権運動の結社では、さかんに憲法草案がつくられていたんですね。憲法をつくるということを自分たちの問題として取り組んでいた。戦後になって東京都あきる野市（当時は西多摩郡五日市町）で発見された五日市憲法などが有名です。

松岡　私擬《しぎ》憲法ね。五日市憲法は農村の若者たちがつくった。ほかにも民権結社を中心にぜんぶで六〇ほど私擬憲法がつくられました。福沢諭吉の交詢社《こうじゅんしゃ》がつくったものや、植木枝盛《えもり》のかなり急進的なものなんかが有名です。敗戦後にGHQによる憲法がまとまるまでにも、学者グループが積極的に憲法草案をまとめたりしていました。

憲法をつくるというのは、ようするに憲法のためのプロトコル（ここでは言語的な約束事の意味）をどう組み立てるかということです。これにはたいへんな言語力と編集力を要するはずで、ぼくはこういう憲法をつくるというような力がその後の日本人から奪われてきたことが、一番の問題だと思ってるんですね。

田中　その話に触れると、必ず憲法改正の話になってしまう。九条をどうするのか、日本も軍隊をもつのか、それなら天皇制をどうするのかという話になってしまう。

松岡　改正をするのかしないのかという話の前に、そもそも日本人は憲法制定力を削がれてきてしまっている。そこをどうするのかを問題にしたほうがいい。

田中　松岡さんの考える憲法制定力というのは、独自な憲法をもっとつくっていったほうがいいということになりますか。

松岡　必ずしもそうではないです。理想的な独自憲法をつくるというより、編集可能にしていくべきだと考えているんです。ちょっと極端な例を持ち出しますが、かつて大杉栄が「一犯一語《いっぱんいちご》」と言って投獄されるたびに新しい語学を勉強して、アナキストの連合を夢見ていったことがありましたね。あるいは大川周明は、エスペラント語をやりながら大東亜の秩序というものを構想していった。北一輝が法華経に傾倒しながら『日本改造法案大綱』のようなものを書いていくという例もあった。これらのいずれも日本やアジアというものをどう組み立てるのかというこを、それぞれなりのプロトコルを工夫しながら取り組んだ例だと思うんですが、それをまったく独自に、かつ理想的にやろうとしている。でもこれは世界史的な文脈ではないところから出てきたものですし、情勢や文明の変化に対応していくものではありません。あまりにも独自すぎる。ぼくはどうも、日本でそういうことを持ち出す人たちは、独自なものでないとだめだというほうに追いやられすぎてきたんじゃないかと思うんです。

田中　ヨーロッパやアメリカが組み立ててきた自由主義政治思想なんかともまったく違うわね。

松岡　ミルやロックのような政治思想家たちが、権利だとか自由だとか契約だとかいった既存概念を使って、つまり国際的なプロトコルをちゃんと用いながら、一国の政治体制や経済社会を組み立てようとしたような努力とは、方向性がかなり違う。大杉栄も大川周明も北一輝も、ある意味でもっと突き抜けている。それはそれでおもしろいけれども、こういうものしか生まれない日本というのは、やっぱりどこか異常だと思う。

田中　つねに権力というものを想定して、それに立ち向かうというよりも、それではないものをつくっていこうとする？

松岡　そうなのかもしれない。もっというと、いまの自民党に欠けているものは、おそらく日本全体に欠けている「おおもと」です。しかし、古来このかたその明示化をしてこなかったわけです。そのためそうではないもの（たとえば国体など）を持ち出せたとしても、それはあまりにも気負いに充ちすぎて、とてもじゃないけれど政権に取りこんでいけるようなものにはならないでしょう。

日本における法制史を見ていくと、十七条の憲法であれ北条泰時の貞永式目（御成敗式目）であれ、徳川幕府の武家諸法度であれ、すこぶる道徳的です。大胆な改革のための中央法案なんて制定されてこなかった。現実変更型で、禁則的です。一番大胆なのは大日本帝国憲法ですよ。これに対して佐藤信淵《のぶひろ》の『混同秘策』や『経済要録』、北一輝の『国体論及び純正社会主義』や『日本改造法案大綱』などは、きわめてドライで独創的です。ただ、とうてい現実社会に適用できるようには思えない。

田中　日本の現代文学がやろうとしてきたことも、まさにそれですよね。石川淳の『狂風記』はまさにそれですし、安部公房が書いたもの、それから小松左京が書いた『日本アパッチ族』のようなSFとか。最近のものでは島田雅彦の『悪貨』などもそうです。何か中央にある権力とか体制とは違うもの、そこから逸《そ》れているものを描こうとする。

松岡　そうそう、まさに文学が描くようなことを、ときたま政治思想家たちが持ち出しても、理解できませんよ。それも、ドストエフスキーやジッドが小説を通してキリスト教を問い直したとか、トーマス・マンが『魔の山』によってドイツ精神を問い直したというような、ああいう方法とは違う。たとえばガルシア＝マルケスが『百年の孤独』でマコンドという不思議な町の滅亡までを描いていくとか、フォークナーが架空の「ヨクナパトーファ」という土地を舞台にいくつもの作品を書き上げていくとか、ああいう感じに近い。最初から主流というものをめざさない、主流になりそうにないものばかり扱っていく。

三島由紀夫が抱えそこねた昭和

田中　いまの話をうかがって、三島由紀夫の『豊饒の海』もまさにそういうものだったのではないかと思いました。

松岡　はい、はい。

田中　『豊饒の海』もかなり長い時間を対象にしています。一巻目の「春の雪」が明治四四年から大正三年、二巻目「奔馬」は昭和七年から八年、三巻目「暁の寺」は昭和一六年から二〇年、そして四巻目の「天人五衰」が昭和四五年から五〇年までです。三島の自決が昭和四五年ですから、著者の死後にまでつづく六〇年以上の物語として書かれているんです。一方、書いた時期は昭和四〇年から四五年です。

松岡　「春の雪」から「天人五衰」へと主人公が輪廻転生しながらつづいていく。

田中　その輪廻転生のなかに昭和というものがすっぽり入る。三島はそうとうこの組み立てを考えぬいたんでしょうね。そこで、「昭和」という観点から『豊饒の海』を読み解いてみようとしたんですが、あまりにも世界が狭いんです。四巻を通しての主人公は法律を学んでいる本多繁邦です。「春の雪」はその友人で侯爵の息子、松枝清顕が中心になります。その恋人の聡子は、蹴鞠《けまり》の技能を伝承する難波家を源とする伯爵の娘です。つまり両人とも「華族」です。

公家集団の重要性は『日本問答』でも話しましたが、江戸時代が終わると、公家と諸侯が四二七家からなる「華族」となりました。一八八四年に華族は公・侯・伯・子・男の五等に分けられます。ただし自分の領地を統治して地域を守ったヨーロッパの貴族とは違って明治維新で急遽つくられた貴族ですから、その目的は天皇制の強化です。公家と同じか、それ以上に皇族への忠誠を誓ったわけですね。清顕の悩みは、恋と天皇家への忠誠に挟まれたことに由来しますが、当時、五〇〇〇万人ほどの人口であった日本のなかで、約六〇〇家ほどだったと思われる華族の内部でのみ物語が展開するので、おとぎ話のように思えるんです。日本社会が見えない。『伊勢物語』を元にした樋口一葉の『たけくらべ』には、明治を生きる人間の苦悩が子どものまなざしを通して感じられますが、『浜松中納言物語』を元にした『豊饒の海』には、彫琢《ちょうたく》された平安朝絵画的な美しさだけがあって、昭和の人間が見えないんですよ。

清顕と聡子は結ばれることなく聡子は門跡寺院で尼になり、清顕は死んでしまいます。そのあと清顕が転生した、と本多繁邦は思いながら、それらしい人間とかかわりつづけ、最後に聡子を訪ねて行く。ところが聡子は清顕など知らないと言う。「そんなお方は、もともとあらしゃらなかったのと違いますか？……実ははじめから、どこにもおられなんだ、ということではありませんか？」。そう言われて、本多は虚無に向き合うことになるという結末でした。この終わり方は、おもしろいと思うんですね。ずっと昭和の戦争をくぐりぬけて転生してきたであろう主人公が、戦後日本のなかですっかり忘れられている。これは明治・大正・昭和を通して

「日本」そのものが忘れられた、という話ですよ。

松岡　三島が抱えたものは昭和史の宿命そのものだったんでしょうね。それをどうやって書くのかということに最後の最後に臨んだのだろうけれど、輪廻転生の仕掛けにしてしまったから、宿命を突きつめるというものじゃなくなってるもんね。

田中　三島は戦争そのものについて、ほとんど何も書いていないんです。国内の戦禍についても書いていないし、そもそも社会やそこに生きる人間について書いていない。第三巻の「暁の寺」では時々メーデーのシーンなどが挿入されますが、本多が戦時中、もっぱら輪廻転生の研究に没頭している、としました。同時に公園でアベックの覗き見をしている。そしてタイからやってきた王女に転生の証左を探そうとする。「現実」とかかわらない。「転生」とだけかかわる。

松岡　三島だけじゃなくて、日本の作家たちは戦争についてろくに書いていませんよね。梅崎《うめざき》春生《はるお》みたいに、特攻隊に配属された日々のことを奇妙な文体で綴った作家もいたけれど、戦争という大きな荷重を書いたわけではない。火野《ひの》葦平《あしへい》や尾崎士郎のように従軍体験をもとに書くとか、それから大岡昇平の『野火』や武田泰淳の『審判』のように、戦争によって人間が人間を食うような化物になってしまうといった話は書く。原民喜《はらたみき》の『夏の花』や井伏鱒二の『黒い雨』のように原爆を扱ったものもある。でも日本という国家の戦争については、ほとんど書かない。まして中国や朝鮮半島を日本軍がどんなふうに蹂躙したかというようなものも書かない。『真空地帯』の野間宏など、もっと書けたと思いますが、労働者の心情に入りこむほうに向かいましたよね。

田中　『金子さんの戦争』（リトルモア）という本が、日本軍の中国での残虐行為をずいぶん扱ってます。これは金子さんという一人の元兵士の体験談です。中国で自分は何をしたのか、金子さんはずっと語れなかった。かなりの年配になって初めて語ったことを、ライターが本に仕上げたものです。そういう体験談というのはいろいろあるんですが、でもそれはあくまで体験の記録であって、作家が自分で言葉を編み出しながらなんとか戦争というものを描いていくというような営為とは違いますね。

結局、書けなかったんでしょうか。たとえば戦争全体を俯瞰《ふかん》することができなかったとか、言うに言われぬことを綴るための言葉をつくり出すことができなかったとか。

松岡　どうしてだろうね。堀田善衛《よしえ》の中国の国共内戦期を描いた『歴史』や南京事件を扱った『時間』とか、野坂昭如《あきゆき》の『戦争童話集』などには心に沁《し》みるものがあったけど、何かを抉《えぐ》っているというものじゃない。ぼく自身も、そこを解明するための言葉が足りていないような気がする。山本七平さんなども、きっとそういうことをずっと疑問に思って考えていただろうと思うんですが、たぶん最後まで解けなかったんじゃないかな。

田中　作家たちのなかには南京にいた人だっているだろうし、満州にだっていた人もいたと思いますが、その時点で何も見えていなかったということが大きかったんでしょうね。リアルタイムで全体が見えていないし、理解できていない。何が起こっているのかわからない状態のなかで過ごしている。兵隊として従軍していた人たちも、きっとそうでしょう。だとしても、あとから見返すことはできるはずなんです。自分がいったい何を経験したのかということを。でも、そういうふうにはしない。

松岡　たとえばNHKの優れたドキュメンタリーなども、ほとんど体験談によって組み立てられていますよね。そういう見せ方は本当にうまいと思うし、胸打たれるものがある。でも日本という国が犯したこと、それによってもたらされたことがトータルに描かれたものといえば、やはり驚くほど少ない。小説も映像もそこは描けていない。

田中　戦争というものに向き合うための思想が書けないのかな。

松岡　それが大きいよね。たとえば丸山眞男は日本の古層というものを覗いてみるんだけれども、「古層ではだめだ」と切り返しちゃう。それを言っちゃあ、古層の研究が生きないんじゃないかなと思うんだけれどもね。

田中　日本人は古層に支配されている、それじゃいけないと言われても、どういうふうに古層に支配されていまに至っているのかという分析にはなっていない。

松岡　ぼくはむしろ古層を持ち出すべきだと考えてきたほうですが、それではいけないという思想のほうが流行るんだよね（笑）。

田中　『豊饒の海』「天人五衰」の門跡・聡子の言葉に、「記憶と言うてもな、映る筈もない遠すぎるものを映しもすれば、それを近いもののように見せもすれば、幻の眼鏡のようなものやさかいに」と言う言葉があります。「古層」は記憶かもしれません。実体はない。しかしときに伏《ふ》され、ときに開けられて、その時代の現実にゆらぎを与え、別の観点を導き出すという大事な役目をはたす可能性があるのではないでしょうか。

松岡　そのへんのことは、後半でもう少し突っ込んでいかなくちゃいけないんだよね。

4

生い立ちのなかの昭和

つげ義春『ねじ式』(1968年)より

海岸でクラゲに刺された少年が医者を探して奇怪な漁村をさまよう．以降，掲載雑誌「ガロ」の名とともに，つげの存在と作品は半ば伝説化されていく．4章および5章で松岡が取り上げている．©つげ義春

敗戦後の東京・京都の風景

田中　松岡さんとは『日本問答』でも『江戸問答』でも、それぞれの生い立ちを振り返る話をあえて挟むようにしてきました。日本のことを語るには、自分たちのなかにある日本の「面影」をたどりなおしてみる必要があるということを強く感じていたからですね。今回の『昭和問答』でもやはりそんなふうにしてみたい。

松岡　田中さんもぼくも、昭和に生まれ、昭和に育って、昭和の途中で大人になった世代だからね。

田中　とくに松岡さんは、日本がまだ戦火のなかにあったときに生まれた。そのあたりのことについて改めて聞きたいと思っていたんです。

松岡　いままでの対談で交わしてきた生い立ちの話と少し重複してしまうと思いますが、まずぼくが生まれたのが一九四四(昭和一九)年一月下旬、まさに戦争のまっただなかです。京都中京の一隅で生まれた。どこにB29が来るかわからなかった時代で、京都にも来ると両親は思っていました。だから和歌山県の尾鷲《おわせ》に母とぼくの二人で疎開させられた。父は呉服屋だったけれども、戦争中は誰も着物なんて着ない。だから戦時必需品、たとえばヒーターとかストーブとか扇風機だとか、「段通《だんつう》」と呼んでいたあたたかい絨毯《じゅうたん》とか、そういうものを大連《だいれん》に行って仕入れてきて、東京で売りさばくという仕事をしていました。結局ぼくたちの家族は空襲に遭《あ》うこともなく、敗戦後は日本橋芳町の三階建てを借りて松岡商店の看板をあげた。母とぼくも尾鷲から越してきて、しばらくそこで暮らしました。妹が生まれて四人の暮らしです。

田中　東京が焼け野原から復興していく様子を身近に見ていたんですね。

松岡　ぼくの目の記憶に残っている東京にはさすがに焼け跡はなかったですが、川上貞奴《さだやっこ》が育った日本橋芳町《よしちょう》という最も明治大正文化色の濃いところであったにもかかわらず、まだまだバラックが立ち並んで、馬や牛が糞を垂れ流しながら荷物を運んだりしていましたね。車も木炭車が多くて、ものすごい煙を出しながら走っていた。両親も、子どもたちにともかく食わせることで精いっぱいという日々だったと思います。

田中　そのあと、再び京都に戻ったんですよね。何歳くらいですか。

松岡　小学校二年の途中でした。下京綾小路《しもぎょうあやのこうじ》の親戚の帯屋さんの離れを借りて母と妹とぼくがまず住んで、父親はもうちょっと稼がなあかんということで東京に残った。父が戻ってくると呉服屋を再開して、そこから両親が京都文化、日本文化に出会いなおしていくのといっしょに、ぼくもそういうものに触れていきます。母も父も小唄とか俳句とか神仏が大好きだったし、とくに父親は旦那衆として、芸の道を大事にしていた。南座《みなみざ》の顔見世興行なんかには必ず駆けつけて、先斗町《ぽんとちょう》や祇園でも遊んでいた。そのころは帯屋の離れから中京の町家《まちや》に越してました。通りに面してはね床几《しょうぎ》や紅殻《べんがら》格子があるような二階家です。

田中　松岡さんの幼な心の記憶というのは、昭和日本というよりも、京都で見聞きする日本文化との出会いのほうが強かったんですか。

松岡　そうですね。といっても京都の多くを知ったわけではなく、自分の家のまわりと家族で出かけたところしか知らなかったですね。法事のあった法然院とか、句会をやっていた修学院《しゅがくいん》離宮とか、嵐山とか貴船で食べた鮎料理とか。ようするに、いまの観光地としての京都に対して皆さんが思い描くようなところが先行的に入ってきた。そういうものを自分から求めるよりも早く、家ごと入れられてしまったというような体験ですかね。でも、すべて新鮮でしたよ。

田中　日本がGHQに占領された状態にあるという意識もなかった？

松岡　まったくなかったですね。東京の町で見かけたMP（アメリカ陸軍憲兵）に憧れたりしたほどですよ。ヘルメットをかぶったMPがピッピッとホイッスルを鳴らしながら交通整理をしているのが格好よかった。あと、学校の校庭でB29の真似をしてブーンと言いながら走り回ったりね。男の子はみんなそんなものでしたよ。

ぼくがやっと昭和という時代性を強く感じた初めての経験といえば、サンフランシスコ講和条約締結(昭和二六年)です。ただし条約締結の年はまだ小学生なので、少しあとになってから知った。吉田茂が条約に調印している写真とか、「日本の門出」「日本の独立」という大きな見出しの載った当時の新聞記事を、たぶん中学生くらいのときに見たんです。それでびっくりした。「えっ、日本独立？　日本は独立していなかったの？」と思った。とつぜん、ぼくの足元がおぼつかなくなった感じがして、自分のいままでの体験はぜんぶ借り物なのかなと感じました。そういう借り物のなかで、ぼくたちは学校に通ったり給食を食べたり、両親と日本文化に遊んだりしていたんだということを、あえていえば生みの親ではない育ての親がいたんだというようなことを、なんとなく考えるようになったのかな。

そこへ糸へん不況、つまり繊維不況がくるんです。父の商売もうまくいかなくなって、結局父は京都を捨てて、一家で横浜に引っ越すことになります。でも性懲《しょうこ》りもなく元町《もとまち》に呉服屋を出すという無謀なことをした。当時の元町は、まだまだ外国人を含む近くの居住者しか歩いていないようなところでした。そんなところに呉服屋を出したところで、着物のよさなんて理解されませんよね。まったく売れなくて、父はどんどん借金を抱えてしまった。

田中　糸へん不況というのは、何年ごろからだったんですか。

松岡　朝鮮戦争が終わるころからですね。戦争特需でガチャマン景気とか糸へん景気といわれる時代が数年ほどつづいたあと、ビニロン、ナイロンが一挙に出回って、絹ものがずっと衰退しつづけた。日本の糸へん産業の主流は化繊や毛織にとってかわられたんですね。京都の西陣も従来の着物だけではなくて、多角的にいろいろやるようになっていきましたが、日本の経済復興とともに着物離れがどんどん進んでしまった。

自分たちが着るものも、ほとんど洋服です。ぼくは母の着物姿が大好きだったので母が時々洋服を着るようになると、すごい違和感をおぼえて悲しかったですね。学校の先生みたいな洋装で、しかも髪にパーマをあてたりしだしたので、こんなお母さんいやだと思ってた。そのころは美容院じゃなくて「美粧院」と言っていたのですが、母が美粧院からパーマをかけた頭で帰ってくると、「お母さん、その頭、いやだ」とか拗《す》ねてました。

日本の選択への違和感

田中　私は昭和二七(一九五二)年、まさにサンフランシスコ講和条約と日米安保条約の発効の年に横浜で生まれました。もう敗戦から七年経っているのに、主権回復がそんなにあとだったんだなということは、もちろんあとから知りました。

松岡　そうすると、物心がついて昭和の日々を感じたのは、昭和三〇年代ですか。

田中　そういうことです。昭和三〇年代も、いま振り返ると、まだまだ戦後の延長という雰囲気が残っていたと思います。とりわけ横浜はそんな感じだった。私より年上の方の証言だと、たとえば敗戦後すぐはアメリカ兵とパンパンの組み合わせが町にたくさんいたけれども、講和条約あたりからそういう人たちがいなくなったそうです。けれども、横浜にはそのころになってもまだそういう人たちがいました。本牧《ほんもく》にはアメリカ軍の住宅があったし、アメリカ兵は日常的によく見かけた。

一方でその傍らには、戦後日本の庶民のつつましい姿があった。私が生まれた家は、バラックというとちょっと言いすぎですが、木造平屋の長屋でした。私の祖母が待合茶屋を経営していたんですが、横浜空襲のときに家族とともに焼け出されて、戦後はそんな長屋暮らしをしていた。私たちくらいの戦後生まれは、いつどこで生まれたかにもよりますが、戦争そのものは知らないけれども、それなりに戦争の影響を受けていた世代なんじゃないかと思いますね。あるとき、母方の親戚の女性がアメリカ兵といっしょにうちに来たんです。結婚してアメリカに行くんだと言ってました。その女性がすごく硬いプラスチックでできた二〇センチにも満たないほどの人形を持ってきてくれたんです。まだバービーなどは出現していないし、着せ替え人形でもありません。

松岡　アメリカ生まれのセルロイドの、青い眼の人形？

田中　青い眼の。まさにそれです。それまで見たことがないような人形だった。それをずっと大事にしていました。ボロボロになるまでね。彼女がどのようにアメリカ兵と知り合ったのかは子どもだったのでわからなかったですが、その後アメリカに行きました。

松岡　横浜は明治維新のときに最初に開港された五港の一つだったし、昭和に入ってからいちはやくホテルニューグランドができたり、バンドホテルができたり、戦後もシルクセンターができたり、新しいものが次々に生まれる都市ですが、一方で外から流入してくる日雇いの港湾労働者が棲むようなエリアもあった。麻薬地帯なんかも近くにあったわけでしょう？

田中　当時の黄金町《こがねちょう》のあたりですね。まさに黒澤明の《天国と地獄》が描いた世界ですよ。ヒロポンなんかも日常的に使われていた。父が戦時中に工場に動員されていたときにヒロポンを射たれたなんて話をしていました。ヒロポンは覚醒剤ですが、あれを普通に使っていたんです。

それからまもなく「もはや戦後ではない」というふうに言われはじめた（昭和三一年、政府が「経済白書」で使った言葉）。いまの上皇と美智子さまのご成婚が昭和三四年にありましたが、まだそのころは家にテレビがなかったんですね。だから近所のテレビのある家にみんなが集まって見ていた。私が初めて自分の家のテレビでみた映像で強く印象づけられたのが、浅沼暗殺事件です。

松岡　昭和三五（一九六〇）年だね。社会党委員長の浅沼稲次郎が、演説中に一七歳の右翼青年の山口二矢《おとや》に刺殺された。まだ若かった大江健三郎が衝撃を受けて、のちに『セヴンティーン』を書きましたよね。ぼくは当時高校生だったんだけど、仲の良かった先輩から「おまえはあの事件を悲しく思わないのか」と詰《なじ》られたんです。先輩は「これで日本の革命は一〇年遅れるんだ」と言っていた。そのころのぼくが考えもしてなかった日本の将来というものを、高校生ながらに見据えようとしている上級生がいるということにショックを受けました。

田中さんにとっての昭和というのは、どこで変化するんですか。つまり、田中さんが生まれたときにはもはや焼け跡の時代ではなかったけれど、まだまだ敗戦日本の姿が残っていた。それが変化してきたと感じたのはいつごろでしたか。

田中　中学校に入ったあたりの昭和四一（一九六六）年ごろですかね。その二年前が東京オリンピックの年ですが、そのころはまだ戦後という感じはあったと思います。オリンピックが終わったころに、個人的なトピックとして、自分が暮らしていた長屋の家が壊されて、庭にあったイチジクの木が伐られて、その場所に二階建ての家が建った。この話は『江戸問答』で詳しくしましたが、私はそのイチジクの木が大好きだった。それが伐られてしまい、代わりに兄と私に部屋が与えられたときに、ぜんぜんうれしいと思えなかった。「こんな取引はいやだ。何かがおかしい」と感じた。私自身が、時代社会というものの変化を感じたきっかけだったと思います。

松岡　横浜の一隅の田中家のライフスタイルの変化ということだけではなくて、おそらく日本中の家族が似たような体験をしていたんでしょうね。東京オリンピックがあって、新幹線が開通して、首都高ができてというふうにインフラが整備されていく一方で、外堀が埋め立てられ、数寄屋橋が取り壊されて、菊田一夫の脚本で大ヒットした映画《君の名は》(昭和二八年)のあの出会いの舞台がなくなって、フランク永井の「有楽町で逢いましょう」が「夜霧の第二国道」に切り替わっていく。そんな時代だったかな。

田中　『江戸問答』で話した藤原新也の『東京漂流』の体験はもうちょっと前だったかもしれないけれども、でもあれもだいたい昭和三〇年代ですよ。門司《もじ》の旅館だった藤原新也の家がブルドーザーで壊されていく情景というのは、私はあれを読んだときに自分と同じ経験だと思った。自分の大事なものが親の意思によって壊されるわけですね。自分はそうしたいわけじゃないのに、親はそっちのほうがいいという判断をする。受験のための勉強部屋が子どもたちには必要だという選択を親がしはじめる。そういう判断を親たちがする時代の方向性というものが鮮明に見えてくる。そのときに、私はその方向に行きたいわけじゃない、「これじゃない」という思いが初めて出てくるわけです。

テレビも給食もアメリカさん

松岡　アメリカというのはどう見えてましたか。さっきの青い目の人形も特異な体験だったと思いますが。

田中　アメリカは、テレビのなかの冷蔵庫みたいなものですね（笑）。これはたぶん私だけではないと思う。当時の子どもたちは、みんなそう感じていたはずですよ。

松岡　アメリカ製のテレビドラマが一気に日本に入ってきた。

田中　「パパは何でも知っている」とか「うちのママは世界一」とか。あと、「コンバット」のような戦争もの。それから「ベン・ケーシー」。「ベン・ケーシー」は、脳神経外科医を主人公にした医療ドラマね。見ておかないと次の日に学校の話題についていけなかった(笑)。テレビはアメリカのドラマばかりなので、小学生の話題もそういうものばかりでしたね。「ベン・ケーシーがきのうキスしたね」とか(笑)、そういう話で盛り上がったりする。あと強烈に覚えているのは給食です。コッペパンと脱脂粉乳。あれはユニセフからの援助で始まったんですよね。

松岡 脱脂粉乳はユニセフで、コッペパンの小麦粉はアメリカの余剰生産物政策だよね。

田中 給食はまさにアメリカね。アメリカから押しつけられたわけでしょう。

松岡 アメリカの日本支援も、戦争で被害を受けたヨーロッパの国々への復興援助(マーシャルプラン)も、その裏には共産圏封じ込めを狙った経済戦略があった。ぼくの少年時代もまさにそういうアメリカの国際戦略の渦中にあった。テレビドラマも給食もアメリカさん。

田中 パン食や牛乳に慣れて、洋食にも慣れて、テレビを見るとアメリカのホームドラマばかりやっている。ドラマに出てくる家には大きな冷蔵庫があって、開けるとすごいものがいっぱい入っている。ああ、アメリカってすごいなと思う。

松岡 奇しくも、ぼくは高校時代がちょうど横浜時代。そのあたりで田中さんの体験とシンクロしていくわけだね。

田中　京都からくると、横浜はかなり違う世界だったでしょうね。

松岡　それはもう。欧米文化がものすごく満ち満ちてるハイカラな街でしたね。馬車道もあれば、中華街も外人墓地もある。ぼくたちの家は、ゲラシモフというロシア人が大家さんのオンボロ洋館だったんです。越してきたその日に家族みんなが西洋便器の使い方に困った。ぼくは便器の上に立ち、妹は後ろを向いて座り、母親は泣いていた(笑)。そういう初日でした。ただ学校は東京の九段高校だったので、桜木町から鶴見を通って、大森、品川を経て中央線の飯田橋までずっと通っていました。毎日毎日、四〇分ぐらいかかった。ぼくの高校の日々はちょうど六〇年安保に重なっていくので、あっというまにいろんなことに目覚めていきました。九段高校の青桐会というところに入って、三〜四人で国会前のデモに行ったりしていた。

そのころから、日本人が外国人のまねをしたり、外国風をもてはやしたりする風潮が大嫌いでね。「女性自身」「女性セブン」といった週刊誌の表紙が金髪の女性ばかりというのもいやだった。それは国粋主義とか愛国主義というようなものではなくて、日本のメディアがそういうものをやたら出したがることに納得できなかったね。

戦争体験から受け取るもの

田中　そういう好き嫌いや不満はどこから来てるのかしら。

松岡　どこからかな。いまはちょっとかっこよく安保問題で目覚めたというふうに言いましたが、それだけじゃない。あえていえば、野坂昭如が『アメリカひじき』で書いたような対外感情かもしれない。野坂の敗戦後の体験をもとにした短篇小説です。

ある日本人家族が、アメリカ人老夫婦をホームステイさせることになるんです。主人公である夫には日本が占領されたときの苦々しい思い出があって、老夫婦のことなんかもてなしてやるものかと思ってるんですが、いざ迎え入れるとついついサービスしたくなって、夫はそんな自分が嫌になってしまう。そのうち老夫婦の図々しくて傲慢な態度に腹が立ってきて、最初は愛想よく接していた奥さんもついに我慢ができなくなってくるという話。

「アメリカひじき」というのは、敗戦後にアメリカ軍が落下傘で落とした支援物資のなかに入っていた紅茶のことで、日本人はそれを「ひじき」だと思いこんで煮て食べようとするんだけど、ものすごくまずい。でもひもじかったので、みんながまんして食べてしまった。その体験が、夫のなかにずっとアメリカへの不満、そういうアメリカに追従するしかない自分への不満としてわだかまっていたというエピソードだね。野坂の反骨心の根っこがわかる作品です。

田中　「俊夫にとってアメリカといえば、それはアメリカひじき、焼跡に降った夏の雪、つややかなギャバジンに包まれもり上ったヒップ、スクイーズとさし出された分厚い掌、米七日分のチューインガム、ハブアグッドタイム、肩までしかない天皇とならんだマッカーサー、キューキューと日米親善、MJBの半封度缶《はんポンド》、駅で黒人兵にまぶされたDDT、焼跡整理の孤独なブルドーザー、釣竿《つりざお》かついだジープ、アメリカ民間人ハウスの、点滅するランプだけをデコレーションにした静かなクリスマストリー」というくだりがありますね。これ、すべてが「断片的」です。私の記憶のアメリカもきわめて断片的で、まとまりがないものです。劣等感があるけれど、その理由がわからない。それが戦後文学の特徴だと思う。

松岡さんには、そういうアメリカと日本の関係に対する不満や反発があった？　たとえば身近な大人たちから、戦争中に受けた傷とか、アメリカへの憎しみについて聞かされたりしたことはあったんですか。

松岡　両親も含めて、大人たちからそういう話を聞かされたという経験はほとんどなかった。けれども、ぼく自身はどうしてもアメリカになじめなかったね。

これは大事なことなのでぜひ言っておきたいのは、ぼくの両親の世代、あるいは祖父母の世代は、戦争の昭和のことも戦後の昭和のこともあまり語ろうとしなかったように思うんです。あまりにも価値観の変化が大きすぎて、語れなかったんでしょうね。戦時中も敗戦後も、とにかく食べて生きていくことだけで精一杯だったんだろうし、アメリカからやってくる援助物資も給食もDDTも、一方的に受け入れるしかない。だから口をつぐむというよりも、語るすべがなかったんだと思う。敗戦のショックもあったでしょう。

ぼくや田中さんの世代までできて初めて、反戦とか反米という意識をもてるようになったんじゃないかな。それも、愛国心とか愛郷心から来るのではなくて、ジョーン・バエズのプロテストソングなどに共感するというようなところから始まっていった。そういう反抗の仕方や闘い方は、ほとんど親の世代からは受け継いでいないと思います。

田中　そうかもしれません。しかしやはり戦争体験から受け取っていたものはあります。私の祖母は息子をサイパンで亡くしているんですね。私の母の兄です。母には兄が二人いましたが、みんな父親がちがうという話は以前もしましたね。でもきょうだいみんなすごく仲がよかった。その兄たちが戦争に行って、一人は帰ってきましたが、下の兄がサイパンで死んだ。祖母は茶屋の女将《おかみ》だったので、戦後に出入りの軍人だった人から聞いて、サイパンに行けば帰ってこられない、船が爆撃されて沈むということは、ほぼ予想がついていたそうです。祖母は、それがわかっていたのに国が行かせたことが許せなかった。

祖母は私が七歳のときに亡くなってますから、その話は母から聞かされただけです。戦後、戦死した人たちが靖国神社にいるという話になった。でも祖母は「絶対に私の息子は靖国神社にはいない」と言いつづけていたそうです。出兵したら生きて帰れないことがわかっていて多くの青年たちを戦場に送り出した話は、その後、諸方《しょほう》で耳にしました。学徒出陣もそうでしたね。祖母は焦茶色の酒袋《さかぶくろ》布で仕立てた札入れを、肌身離さず持っていました。このなかには息子の写真五枚、名刺二枚、軍隊から出した葉書や手紙が五枚、小さく折り畳まれて入っていた。赤紙を受け取って訓練地に行ってからサイパンに出発するまでのあいだの日記も残っています。ずっと大事にしていて、母もそれを大切にしていました。靖国神社に個々のそのような想いを統合させようとする目論見は、結局、次の戦争への準備です。

松岡　子どもを戦地に送り出せば帰ってこないということがわかっていた。そういう悔恨を抱いていたお母さんたちも多かったでしょうね。

田中　私は祖母が共産党員をよく匿《かくま》っていたという話も聞きました。そういう気骨のある人だったんです。

松岡　そうですか。誰かを失ったとか、失うことを止められなかったという話とともに、そういうふうに誰かを匿ったとか、何かを守り抜いたというような話は、きっと多くの家族にもありながら、なかなか伝えられないままになってきたんでしょうね。家族や親族にそういう人がいたけれど語られないままになってきたとか、子どもたちには伏せられてきたとかね。でも、ぼくはそのあたりのことを実感できなかった。

田中　そうなんだ。

松岡　田中さんとは、ちょっと違うんだね。

安保闘争とのかかわり

田中　このことも尋ねましょう。松岡さんは学生運動とはどんなふうにかかわっていたんですか。

松岡　さっきも言ったように、高校生のとき国会に安保反対デモに行ったのが始まりです。ただデモに出ただけ。昭和三五（一九六〇）年、日米安保条約改定が国会で強行採決されたのをきっかけに、学生たちが大挙して国会を取り囲み、暴徒化して国会に突入して東大生の樺《かんば》美智子さんが亡くなった。あのときの映像や写真が、西田佐知子の「アカシアの雨がやむとき」とともに今もしょっちゅうテレビで紹介されますが、ぼくも一四の高校生としてそのただなかにいた。セクトにかかわって学生運動をやり出したのは早稲田大学に入ってからです。

東京オリンピックの翌年の昭和四〇(一九六五)年、日本の佐藤栄作内閣と韓国の朴正煕《パク・チョンヒ》政権のあいだで、「日韓基本条約」が締結された。日韓の国交正常化と日本から韓国への経済支援を取り決めたものですね。これに対して日韓両国で反対運動が起こった。というのも、朴政権は軍事独裁政権であって、この同盟を後ろで動かしているのがアメリカであるということが明白だった。アメリカが差配する軍事同盟とか経済同盟といってもいいようなものだった。

ぼくも全学連の片隅から、この日韓条約反対闘争、つまり日韓闘争に関心をもった。でも、これがものすごくむずかしくて、学生たちで集まって学習したり議論したりしたけれども、けっこう難儀しました。たとえば、日韓基本条約は北朝鮮にはどう影響するのか、日本は北朝鮮の金日成の民族主義や自決主義とはどう向き合うべきなのか、といったことについては、紆余曲折する議論になっていた。結局、日本側の日韓闘争はあまりうまくいかず、ベトナム戦争反対のほうに流れていってしまった。田中さんが学生運動に触れ始めたのは、そのころからですよね。

田中　私たちのころは日韓の問題はあまり出てこなかったです。問題にしていたのはもっぱらベトナム戦争だった。

松岡　きっとそうだったんだろうと思います。一方、ぼくの世代はコミュニズムのあり方そのものを問うというほうに傾いていたんですね。これがいわゆるゼンガクレンです。もともと全学連は共産党とのつながりが強かったんですが、フルシチョフのスターリン批判やソ連によるハンガリー動乱(昭和三一年)をきっかけに共産党から離反して、反帝国主義と反スターリニズム、略して「反帝反スタ」の両方をスローガンに掲げるようになった。反帝国主義の鉾先はアメリカとその傀儡である日本政府と韓国政府。反スターリニズムの鉾先はソ連です。日韓闘争はこの両方を問題にしようとしていたわけですが、知れば知るほど韓国の軍事政権のあり方と官僚とか両班《ヤンバン》や警察の問題、それから北朝鮮の金日成の複雑な家族主義のようなことがいろいろ出てきて、とてもじゃないけれど日本の学生運動がどうのこうのできるものじゃなかった。

こういう問題の立て方から「ブント主義」とか「革共同主義」が生まれていく、つまり当時のソ連型のコミュニズムとそれに追随するコミンテルン方式に対決しようという動きが出てくるんですが、対決といったって日本共産党と刺し違えるわけでもなく、その学生組織の民青とやりあう程度のものになりつつあった。そのうち全学連を構成する各大学のセクトが四分五裂して複雑になっていき、何かの活動をするにはどこかのセクトに属するしかなくなった。何色のヘルメットをかぶるかという違いです。

田中　何に反対しているかははっきりしていたけれども、そのためにどこを応援すればいいのかがわからなくなった？

松岡　ぼくはぼくで、韓国側で日韓闘争を起こしていた詩人の金芝河《キム・ジハ》などに興味をもっていたんですが、一方で、松山猛が翻訳して加藤和彦（ザ・フォーククルセダーズ）がヒットさせた「イムジン河」なんかにも惹かれていた。この曲はもともと北朝鮮の音楽なんですね。当時の日本の知識人や文化人は、北朝鮮のほうに共感や郷愁を覚えているような人が多かったかもしれない。

田中　当時の北朝鮮もソ連の影響を受けていて油断ならないわけですが、韓国は李承晩《イ・スンマン》政権以降アメリカが完全支配していて、朴正熙の軍事政権の時代になるとほとんど「暗黒の韓国」というように見えていた。だから当時はどちらかというと「北朝鮮のほうがまし」というふうに思われていましたね。

松岡　南の韓国では民主化運動が徹底して弾圧されていたからね。

田中　だから在日の人たちも北に帰る。南の韓国の出身者の在日の人も北に帰る。そういう帰国事業が起こるわけです。一九八七年に、全斗煥《チョン・ドゥファン》が朴政権を倒して民主化をするまではそういう時代がつづいていた。盧泰愚《ノ・テウ》は選挙で政権をひっくり返した。そこに至るまでに韓国の若者たちががんばって自ら民主化をなしとげた。彼らの自分たちの国の体制に対する反対運動はものすごく強いけれど、そのぶん相当弾圧を受けてきたし、殺されてきたと思います。

松岡　「北のほうがまし」という感覚は、日韓闘争がうまくいかなかったのちに、ベトナム戦争にスライドされていったような印象があったよね。つまり南ベトナムはアメリカ化し、そのアメリカによって蹂躙される北ベトナムを応援しようという感覚にずれていった。

でも、ぼくのなかでは学生運動の無力さというか、安保闘争からして何も実らなかった、日韓会談にもベトナム戦争にも、何もできなかったという思いが当時からずっとありましたね。日本の左翼運動そのものが根本的には何事もなしえないまま、結局そのあとは連合赤軍事件を起こして壊滅していきました。これはぼくの「昭和」の実感のなかではかなり大きなものです。

七〇年安保の行方と万博

田中　一九五〇〜六〇年代の安保闘争は、日本は自立したのにどうしてアメリカの軍事基地を置くんだ、軍事基地があるような国で独立国と言えるのか、それはおかしいではないかという疑問を、きちんと声にして訴えたという点では、意味があったと思うんです。ただ、それも結局、沖縄に基地が集中されていくことでどんどん収束させられてしまった。つまり沖縄を日本から切り離すことにしてしまった。一九四七年に昭和天皇が沖縄の軍事占領の継続をアメリカに求めたということも、いまでは宮内庁の出した『昭和天皇実録』によりわかっています。

松岡　それもこれもアメリカによる反共政策の一環だったんだよね。共産主義の防波堤にするために、日本が完全に組み込まれてしまった。防波堤にするだけではなく、いざ戦争が起これば日本が後方支援基地となり、日米の軍事一体化に進んでいく。日本もあえて沖縄を切り離すことで、それを受け入れやすくしてしまった。いまもその状況はほとんど変わっていないのだけど、そういうことに疑問や危機意識を抱くラディカル派が少なくなってしまった。

田中　やはり沖縄が本土から離れているせいなのでしょう。昭和四七(一九七二)年に返還はされたけれども、それまでのあいだは日本とはみなされていなかった。だから沖縄が置かれている状況への危機感も問題意識も、じょじょに冷めていくという経緯をたどってしまった。

私は七〇年安保にかかわりましたが、六〇年安保に比べればそれはもうおとなしいものでしたよ。道いっぱいを占領してデモ隊が歩いていて、私もそのなかに入っていた。でも何もたいしたことは起こせなかったし、すでに学生たちも疲れているという印象があった。なぜかというと、六〇年代末に闘争にかかわった大学生たちはみんなかなり本気でやっていたんですよね。とくに日大と東大ではかなり激しい闘争があった。日大闘争は大学の不正会計に対する糾弾から始まって、全学的で大規模な紛争にまで発展しました。東大闘争は医学部の研修医の待遇改善運動から始まって、大学側が医学部学生を不当に処分したということで闘争が激化したものでした。

松岡　その意図と変移がどこにあったのか、その後の山本義隆（東大全共闘代表として名を馳せた）の記録や著書を読むと、如実に伝わってくるよね。東大闘争は全共闘による全学バリケード封鎖になって、安田講堂を占拠した全共闘と機動隊とのあいだで全面衝突が起こった。火炎瓶や催涙弾までが飛び交う光景を、ずっとテレビカメラが空中から撮影していた。

田中　あの両方の闘争に共通していたのは、大学生たちの強い当事者意識だったと思うんです。直接的には、あの時代にどんどんマンモス化していった大学教育への不満や、大学組織や教授会の不正行為に対する怒りや失望感があったわけです。それがベトナム戦争に反対するアメリカの若者たちの行動やヨーロッパの学生運動とも共鳴しあいながら、日本の政治や政治家や大人たちに対する反発や反抗心と結びついて拡大化していった。つまり、世界や日本で起きていることと、自分たちの大学で起きている問題とはつながっているんだという当事者意識が強くあったわけです。

　でも東大闘争がそうだったように、学生運動がどんどん過激になって内ゲバが横行するようになっていってしまう。内ゲバを目の前で見たら、それはもうたまらないですよ。実際に殺人事件が起きて、そのせいで大学が閉鎖されるというようなことも起こった。大学や大人たちが信用できないだけじゃなくて、いっしょに闘ってきた学生同士が疑心暗鬼になっていく。一部のセクトの閉鎖性と権力欲のせいで、学生たちがみんな影響を受けてしまうわけです。セクト同士での運動資金の奪い合いも起こってどんどん活動が腐り、複数の殺人事件にまでつながったのです。

　結局、六〇年代の闘争は、七〇年代安保直後にひどい終わり方をしていった。語りにくいものになっていってしまった。だから次世代に受け継がれることはなかった。

松岡　佐藤首相の訪米阻止とか、羽田闘争とか、佐世保エンタープライズ（原子力空母）入港阻止とか、新宿騒乱とか、次から次へと過激な闘争が展開されましたが、七〇年安保はたいした風にはならなかった。あの時代、日本全体はどういう状況にあったかというと、大阪万博に向かっていたわけですよ。国民の大半は大阪万博のほうに夢中だった。

田中　私が安保のデモに行くと、そこでやっぱりデモに参加している兄と会うんです。兄は大学院生のときに東大闘争にもかかわっていたんですが、その後七〇年安保闘争に参加していた。でも、その年の夏、私たち家族はみんなで揃って万博に行ったんです。なぜかというと、兄の婚約者が万博のコンパニオンをやっていたから(笑)。

松岡　田中さんの家族にして、そうなってしまっていたのか。

田中　そう、活動家だった兄ですら万博に行く。しかも秋になると今度は三島事件でしょう。あの現場は市ヶ谷だったから、法政大学のすぐ近くでした。報道各社のヘリコプターが空を飛びまわっていたのを覚えています。しかし三島事件については、後々までその意味がわかりませんでした。サラリーマン化した自衛隊員に何を言っても、何も起こらないでしょう。それがわからなかったとしたら、世間を知らなすぎるし、わかってやったとしたら「老いる前に死にたかった」としか思えない。最後に執筆した『豊饒の海』には「老い」について多くのことが書かれています。『豊饒の海』は男性的ナルシシズムの極致ですね。「ナルシシズムの海」でもある。安保、万博、三島事件。こんなことがつづく七〇(昭和四五)年は忘れようにも忘れられない時代です。

「あいだ」を編集するための「遊」

松岡　そのあとは、あっというまにドルショック(一九七一年)とオイルショック(一九七三年)だったよね。これでアメリカのドル基軸体制が大きく揺らいで世界経済が混乱状態になって、日本も巻き込まれざるをえなくなった。チープシック時代に突入ですよ。ドルショックは、ベトナム戦争の泥沼化でアメリカの財政状況が悪化し、たまりかねたニクソンがドルと金の交換停止を発表したことから起こった。それまでのブレトン・ウッズ体制が崩れ、世界がいっせいに変動相場制に移行するわけです。オイルショックのほうは、第四次中東戦争が始まってＯＰＥＣ(石油輸出国機構)が原油価格を引き上げ、ＯＡＰＥＣ(アラブ石油輸出国機構)のほうも親イスラエル派の国々への石油輸出を止めたことから起こった。非産油国の産業や経済が大打撃を受けた。こちらはやっと「中東」が現実化したということです。日本も急激なインフレで経済成長が止まり、よせばいいのにトイレットペーパーを買いだめするのに長蛇の列ができた。

田中　一九七〇年代は環境問題もいろいろと吹き出しましたね。私がそれをはっきり意識したのは石牟礼道子の『苦《く》海浄土《がいじょうど》』です。一九六九(昭和四四)年に刊行されました。実際は問題が

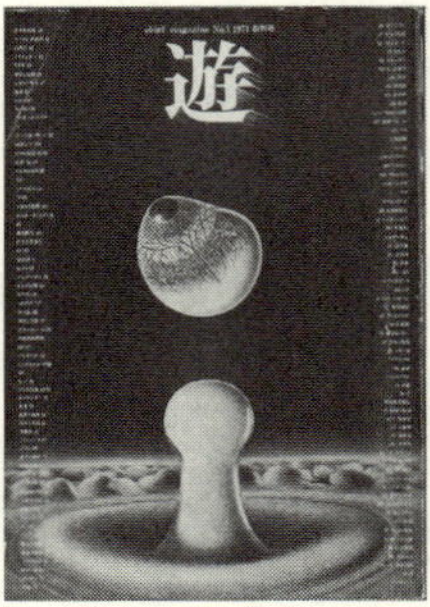

「遊　創刊号」(1971年)
松岡が敬愛する杉浦康平
のデザインによる.

起こっていたのは一九五〇年代でした。私が生まれたころです。つまり私の生まれ育った時代というのは、戦中の拡大主義と戦後の拡張主義が裏側に隠していた問題が一気に吹き出した時代なんです。自分がそういう時代の人間なのだと、はっきり意識しました。

そんななか、松岡さんは一九七一(昭和四六)年に「遊」を創刊していますね。そこにはどういう思いがあったんですか。もちろんいままで話してきたような時代状況も関係していたわけですよね。

松岡　一九六八年にピークを迎えたステューデント・パワーがもたらしたさまざまなニューヴィジョンの可能性を感受したこと、しかし、それらが煌《きら》めくスパークとして見せたニューヴィジョンに「社会」や「歴史」が見えてこないことに落胆したのが大きかったと思います。こんなやり方ではだめだ、もっと世界というものを速いテンポで見切っていく必要がある、特定の学識やイデオロギーにとらわれるのではなく、カートリッジをどんどん入れ替えるように組み合わせを変化させつづける必要がある、そんなふうに思っていたんでしょう。だから独自にメディアを編集してみたいということを強く感じ始めたんですね。

もうひとつは、「主題」よりも「方法」に注目したかったんです。とくに何かと何かの「あいだ」というものを徹底して組み上げてみようと思った。世界史や文明論がもたらしてきた価値観って、長らく西と東とか、勝者と敗者とか、理科と文科とかに分断してきたんですよね。だから新たな世界観のための「方法」って、六〇年代ではまだ見えていなかった。そんなふうに勝ち負けや価値観が定まってしまう前に、もっと二項の「あいだ」というものを自在に動かしてみたらいいのではないか。「あいだ」というもののほうから、二項を新たに組み合わせていったらいいのではないか。ぼくがめざす編集はそういうことをしてみたい。そんなことを考えて、一〇〇〇万円を借金して「遊」を創刊したわけです。

だから「遊」では、たとえば「神」というものに対応させるものは「仏」というふうにはしない。それでは二項対立的な編集になってしまう。そうではなくて、片方に「神」をもちだせば、もう片方は「化学」というものを持ち出してみる。あるいは、「観音」に対して「少年」を、「量子」に対して「意識」を合わせる。こういうことを、とことんやってみたんです。

田中　「遊」が登場したときは、私は大学生でしたので、よく覚えていますし、けっこう読んでいました。そのころは多様なテーマを扱う雑誌ということで、「文藝春秋」とか「中央公論」とか、いわゆる総合雑誌と呼ばれるものがいろいろ出ていたんですが、「遊」は総合雑誌を名乗りながら、そういったものとはまったく違ったものだった。「あいだ」を編集しているというようなことまではわからなかったんですが、たしかにジャンルが違っていることでも同時に考えたいことというのが、つねに自分のなかにもある。そういうものをどうやって同時化していくかということを、「遊」ではいろいろ見せてくれました。

松岡 すばらしい読者です(笑)。まさにそういう狙い。

田中 本当は考えるということを、分断したくないわけですよ。科学のことだって考えたいけれども、文学のことも考えたい。けれどもそれは物事を「総合」するというのとは少し違うのではないかという気がしていました。かといって教養をふやすということでもない。とにかく物事をバラバラにしないで考えたいのだということは漠然と思っていた。「遊」を見たときに、まさにそれをやっているのだと思った。きっとそういうふうに思っていた若者は相当いたはずですよ。だって、日本社会のほうが七〇年安保と万博と三島の自決がいっしょになるような、そういう時代にきてしまっているんですから、そういうものを切り離さずに同時に摑むような方法が本当は必要なんですね。

松岡 そうですね。「遊」では、科学も歴史も文化も、宗教も神秘主義も、量子も遺伝子も同時にやるということを矢継ぎ早に打ち出しつづけました。第一期が終わって第二期にさしかかるときには（昭和五三＝一九七八年）、「相似律《そうじりつ》」という特集を組みました。二項対立にはしたくない、けれども合同になってしまうのはつまらない。「なんだか似ている」という関係の具合がいいいんだということで、たとえば銀河系と頭のつむじ、コロラド川の河口に見られる樹状系の分岐とリヒテンベルク図形のような、「似たもの同士」を徹底して並べて見せたんです。そのドラフトを持ってパリのロジェ・カイヨワのところへ行って見てもらいました。それは、ぼくが初めて海外渡航をした経験です。

田中　「相似律」は、まさに科学も生命も社会も文化もいっしょに扱うという松岡さんの編集思想がはっきり打ち出された特集でしたね。

不確定性の科学に学ぶ

松岡　そうこうしているうちに、七〇年代の終わりごろになって、プリゴジンの熱力学的非平衡系という科学的世界観が日本にも届いた。プリゴジンは「オーダー・フロム・カオス」、つまり「カオスから秩序がつくられる」という考え方を提唱したベルギーの熱力学者で、ようやく一般読者向けに『混沌からの秩序』（共著、みすず書房）という本が日本でも翻訳されたんです。

ごく簡単にいえば、地球という大きな環境のなかで育まれる現象は、すべて不確実で不確定で不安定なゆらぎがある。その不安定なゆらぎからこそ、生命の秩序がつくられたのだという考え方です。

ぼくはこのプリゴジンの考え方に影響を受けました。政治学とか地政学が相手にしている世界というのはまだまだ小さくて、偏っているのではないか。もっとこういう地球環境の動向すべてを視野に入れて、不確実なものを取り扱う方法を追究していくべきではないかといったことを考えたかったんですね。すでにドルショック、オイルショックが起こって、世界経済が変動相場制に変わって、社会や経済の「不確実さ」が急速に表沙汰になりつつあった。従来の方法論では時代の読みが効かなくなってきているということは、誰もが感じていたと思います。

田中　そういう科学が確立した「不確実」という考え方を、日本の思想界で取り込んでいった人はいないんですか。

松岡　残念ながら日本の思想界のなかで、不確実とか不確定について「これは目覚ましいな」と思うような発言や言及をしているものはほとんどないですね。そういうものを世界観や思想に取りこみたいという憧れをもっている人はいるんですが、思想の核心にする試みはあまり出なかった。なにも熱力学や量子力学を本気で学ぶべきだとは言いませんが、不確定性や不確実性や不完全性は現代科学や現代数学の方法なんですよ。だからもっと人間社会のこと、人間の意識のこと、コミュニケーションを語ろうとするときにも使えるものになる。

田中　私もそういう科学の世界観にはものすごく関心ありますが、そのことを、どのように自分の日々と重ねていけるのかがまだわからない。

松岡　不確定性も不確実性も、究極の物質世界の議論で数学が関与するので、日常的な感覚で実感しにくいというのはわかります。だから、もっとおもしろがるということも必要なのかもしれない。たとえばアンリ・ポアンカレはそうした不確実な科学観や不確定な数学観の起点をつくった天才ですが、その考え方は寺田寅彦や岡潔《おかきよし》には反映されています。ということは寺田の俳諧や岡の情緒はどこか科学的でポアンカレ的なんです。またアートでいえば、岡倉天心や菱田春草《ひしだしゅんそう》やイサム・ノグチは不完全なものが重要であるということがわかっていたし、それが日本や東洋の美の秘密だということも確信していました。そういう見方は、じつは日本が得意としていたものかもしれないわけです。

前衛芸術も科学と結びついています。たとえばイタリアのボッチョーニとかカルロ・カッラとかのようなアーティストたちは不確定なものを取り入れたし、ジョン・ケージは偶然性を取り入れた不確定性の音楽をつくろうとした。ヤニス・クセナキスのように、数学や確率を用いてコンピュータを駆使して不確定性を音楽にした人もいた。日本でも武満徹さんや高橋悠治さんのように、そういった試みを積極的に取り込んでいく音楽家がいます。こういう科学とアートを組み合わせて、それを現代思想と対峙させるところまでもっていけるような人に注目してもいいはずです。

ただし、ここで言わなくてはならないことは、そういうものも結局はアメリカがうまいこと取り込んで、自分たちに有利になるように使いまくってしまったということです。さっさと「ゆらぎ」や「不確実性」を計算に入れた金融工学を組み立て、ウォール街でやりたい放題をしはじめた。これが、「すべてを市場にまかせる」というネオリベラリズム、ようするにレーガノミクスやサッチャリズムによって世界中に広まってしまった。日本もアメリカから言われるがまま市場開放や自由化をやりつづけ、あっというまにそういう波に呑み込まれていきました。

昭和が終わってしまう前に

田中　松岡さんが「遊」で「昭和が終わってしまう前に」という特集を組んだのは、八〇年代の初めでしたね。

松岡　一九八二(昭和五七)年でした。八〇年代に入ったとき、ぼくは一方でずっと、「日本」というものにもっと向き合わなければいけないということを考えつづけていたんですね。それで先に、一九八一年に、「遊」の秋の臨時増刊号として「ジャパネスク特集」という号をつくりました。表紙に「誰かと日本の話がしてみたい」というふうにドーンとコピーを入れて、林屋辰三郎、西山松之助、鎌田茂雄、吉田光邦といった錚々《そうそう》たる研究者とともに、五木寛之や永六《えいろく》輔《すけ》や横尾忠則や三宅一生といった作家やアーティストたちにも声をかけて、それぞれの日本の見方を披露してもらった。

その次に手掛けたのが、田中さんが挙げてくれた「日本する」という特集で、「昭和が終っちまう前に」というコピーのもと、今度は吉本隆明だけをフィーチャーして、六時間くらいかけてぼくと対談してもらいました。そのとき吉本さんがぼくに対して投げかけてきたテーマが三つあって、ひとつは「なぜ松岡正剛はエディターシップというものにこだわりつづけるのか」ということ。二つめは、「日本の最大の責任編集者

「遊　日本する」(1982年9月号) 松岡と吉本隆明との対談も収録している.

は天皇であると自分は思っている。それについてどう思うか」ということで、つまり天皇制というものをどう見るかということです。三つめは、「松岡さんが重視している重層的複雑系というものについて聞きたい、なぜそういうことに注目するのか、そういう思想はどこからきたのか」というものでした。実際の対談では二つ目の天皇のことは結構交わしましたが、ほかの二つのテーマについてはほとんど交わせないまま終わってしまいました(笑)。

それからまもなくして「遊」を永久的「休刊」にした。「遊」に携わっていた約一〇年間は、それなりにやることはやったと思うんですが、やはり八〇年代になると自分のなかに生まれつつあった「編集工学」という構想のほうに思い切って向かいたいという気持ちが強くなっていたんです。

田中 「遊」を終えると同時に、講談社の日本美術文化全集を手がけましたよね。あれも画期的な編集でした。

松岡 「アート・ジャパネスク」という全一八巻ね。講談社から、日本美術全集をつくるが、その編集を頼みたいという相談があったんです。そのころのぼくは日本文化や日本美術の専門家でもなんでもない。だから「ぼくでいいんですか?」と聞いたら、「松岡さんの編集でぜひやりたいようにやってほしい」と言われたので引き受けました。とはいえそこはちゃんとしたお目付け役も必要だということで(笑)、林屋辰三郎や長広敏雄や衛藤駿といった専門家たちが監修に入ってくれた。

田中　「アート・ジャパネスク」が出たときはもう私は大学教員になっていましたから、講義に「アート・ジャパネスク」の写真を使いましたよ。あのようなクローズアップやトリミング、集め方は、他にはありませんでした。江戸文化への接し方、江戸ヴィジュアルの見方にも、大きな影響を受けた。しかし世の中では、なぜここで松岡正剛は日本回帰するのだろうという見方もあったと思います。でもそういうものではなかったわけでしょう?

「アート・ジャパネスク」全18巻(1982–84年，講談社)

松岡　日本回帰ではないよね。ぼくにとっては新しい方法の発見への挑戦でした。さっきも話したように、世界や社会が不確実で不確定になっている以上、もはや思想も方法もメインやメガなものを求めていては間に合わないということをずっと考えていたんですね。そんなときに、「遊」の日本特集などを通して、日本の見方や語り方についていろいろ試行錯誤するなかで、ひょっとしたら日本というものを扱うことが、そのまま新しい方法になりうるのではないか

「アート・ジャパネスク 15 江戸メディア・アート」(1982年)の渓斎英泉「艶本 恋の操」より　和紙の毛羽立ち，顔料のにじみまでを撮影.

というような見通しを抱くようになっていたんですね。

たとえば土佐派とか浮世絵が描いたことは、世界のメインシナリオやメガシナリオとはほとんど関係ないわけです。彼らがやっているのは、どうすれば江戸の二四時間を描けるか、どうすれば遊女の姿を描けるかということなんですからね。つまりそこにあるのは、松尾芭蕉の言葉にあるように「虚《きょ》に居《い》て実《じつ》をおこなふべし」という方法論なんです。こういう虚実のとらえ方や方法は、欧米にはないものです。ウンベルト・エーコもジジェクもカイヨワもやっていない。だったら、日本人がやるべきことは、こういうことなんじゃないか。そういうことをしきりに思うようになっていたんですね。

ただ、こういうことを理屈では言えても、美術全集にするにはヴィジュアル表現に置き換えていかなければならない。そこでぼくは、「アート・ジャパネスク」では従来の美術写真家ではなく、奈良原一高、十文字美信、藤原新也、横須賀功光《のりあき》、篠山紀信、立木義浩といったフォトグラファーを起用して、美術品をまったく新しいアプローチで撮影するということにこだわりました。またアートディレクターには市川英夫を選んで、思いきったデザインをしてくれと頼んだ。

田中　江戸を研究していることも「回帰」ととらえる人がいます。時代が先へ進むほど進歩するという進歩史観をもち、同時に方法への意識が欠如していると、そういうとらえ方になるのでしょうね。

土俗日本とポップ日本

田中　いまの松岡さんの話を聞いていて思い出したことがあります。六〇年代に現代舞踊とか演劇のなかで、土方巽《ひじかたたつみ》とか唐十郎《からじゅうろう》のように日本人の体の使い方を強く意識したものが出てきていますね。なぜそういうアーティストが出てきたのかというと、もともと日本には能や歌舞伎などの身体表現がずっと残ってきたわけで、そういうものを無視するのではなく積極的に取り入れようと考えた人たちがいたということだと思うんですが、だとしたらなぜ六〇年代にそれがいっせいに起こったんだろうということに、ずっとひっかかっていた。

あの政治の季節にあえてそれをやろうという理由はなんだったのか。そう考えていったときに、当時学生運動のなかで言われていた言葉のなかに「土俗」という言葉があったということを思い出したんです。「土俗が大事だ」といろいろな人が言っていた。たとえば部落解放同盟なども土俗と言うわけです。

じつはあのときにさかんに言われていた「土俗」って、まさに「日本」という意味だったんだなと思ったんです。それをあえて「土」という言葉を使って表現した。高度経済成長がまだまだつづいていた時代ですが、そういう時代感覚に巻き込まれるのではなく、「土なるもの」としての日本を見つめなおそう、そこに戻ってみようというような価値観の転換が、あの六〇年代に一部の人たちのあいだで起こっていたのですね。

松岡　うーん、土俗であり肉体であり、アンダーグラウンドであり前衛であり、偶発力であり日本力であるような、そういうものだよね。ぼくは六〇年代の鈴木忠志や別役実や唐十郎の演劇は同時代的にずっと体験していたし、土方さんの日本青年館での《肉体の叛乱《はんらん》》も見ていた。それらは土俗的なところもあったけれど、表現の叛乱でもあって、欧米主義への訣別宣言でもありましたね。けれども一方で、プレスリーからビートルズをへてロックが噴出していた六〇年代でもあり、コルトレーンやマイルス・デイヴィスやヴェルヴェット・アンダーグラウンドの時代でもあって、強烈なイギリスやアメリカの個性がジャックナイフのように突き刺さってもいたんですね。六〇年代はこの二つの濃厚なストリームが波打っていました。

　ところが、七〇年安保と東大安田講堂と三島自決の一九七〇年になると、何かのツキモノが落ちたようになった。ぼくが「遊」を創刊したのはこの時期です。その「遊」を通して掴んだ編集方法をもって、日本美術文化全集に向かったんですね。

田中　松岡さんが「アート・ジャパネスク」でやろうとしたことは、「土俗」ではないんですよね。もっとファインなものをきちんと扱いながら、まったく新しい編集的な見せ方にしている。あのセンスはやはり京都文化に触れていたことが関係してますか。

松岡　京都じゃないですね。ポップセンスだと思います。たとえばあの当時、伊藤若冲《じゃくちゅう》の絵を取り上げる日本美術家はいても、雑誌はどこも取り上げていなかった。そんなときに、ぼくは「遊　ジャパネスク」で若冲の鶏の絵ばかり集めて、それをそのまま載せるのではなく、思い切ってトリミングしてレモンイエローの地に紫の線で見せるということをした。うんとポップにしてみたんですね。若冲のセンスはいまの時代のTシャツやドレスになりうると思っていたからです。これは土俗でもないし、日本回帰でもないし、京都主義でもない。

田中　歴史的な美術品として紹介するのではなく、新しい意匠として、デザイン化して見せている。

松岡　講談社の「アート・ジャパネスク」では、美術品の絵画、絵巻、書、装束、浮世絵などのディテールをクローズアップするということにこだわりました。美術品の写真を載せるときは、ふつうは所蔵者からそういう扱いをしてはいけないと言われるんです。実際にも所有者が文句を言ったりクレームをつけてきたりする可能性があった。そこを講談社が頑張ってくれて、かなりやりたいようにやらせてもらいました。

そういうセンスというのは、たとえばぼくが初めて土方さんに会ったときに、「松岡さん、ここに鷹がいたらどう思う?」と突然言うわけです。そんなこと聞かれても何を答えていいかわからない。そしたら土方さんは「ここが鷹座敷になるんだよ」というふうに、「鷹座敷」という言葉をパッとつくっちゃうんですね。これこそしゃれた「やつし」のセンスですよ。ぼくはそういう土方さんの言語センスをどうしたら美術全集の編集やデザインに移せるかということを考えていた。ぼくはこっちのやり方でいきたいと思うようになった。

田中 よくわかります。

フランス文学から江戸文学へ

松岡 田中さんが七〇年安保を経験しながら、一方で江戸というものに出会っていくのはどういう経緯だったんですか。

田中　私が江戸に近づくきっかけになったのが石川淳なんですが、そこに行く手前にまずフランス文学との出会いがあったんですね。というのも、まず私が子どものころから読んでいた本は、ほとんどが翻訳物なんです。少年少女文学全集も翻訳物ばかりでしたし、ヘレン・ケラーだとかいろんな伝記ものも、みんな西洋人のものだった。私にとっての日常というのは、長いあいだ欧米的なものばかりだった。

子どものころは、祖母が着物を着ていたし、しょっちゅう芸者さんも来ていたので、そういう日本的なものにも触れていましたし、私にとっては尊敬する世界として刻印されているんですが、祖母が亡くなってしまうとそういうものと触れることもなくなってしまった。家のなかは西洋文化ばかり。かかっているレコードはクラシックとジャズ。習っているのはヴァイオリン。見る映画は洋画でした。

そんななか、小学生のときにサン＝テグジュペリの『星の王子さま』(内藤濯訳の岩波書店版)を読んで、それが深く心に残っています。当時は何に心打たれたのかわかっていませんでしたが、記憶をたどると「傷心ということ」だったと思います。「ぼくらは一個の遊星の上に住んでいる」と、サン＝テグジュペリは『人間の土地』で書いていますが、それは観念で言っているのではなく、飛行機乗りとしてサハラ砂漠で生と死のあわいを生き、実感として知っているわけです。つねに自分の死と向き合いながら生きた人で、「孤独」が『星の王子さま』を満たしています。『人間の土地』では、「自分が何を愛しているか。それは生命だ」とも書いた。孤独と傷心と生命への思いは、よく読んでいたアンデルセンやフランス詩集に共通していることでした。そこに映画の影響も加わった。子どものころ見た映画で鮮明に覚えているのは、ルイ・マルの《地下鉄のザジ》です。そして高校生のときに見た《去年マリエンバートで》。その連続線上で、大学生になるころにはフランス文学に惹かれるようになっていたのではないかと思います。

松岡　ぼくも早稲田に入ったときは仏文専攻でした。プルーストを原著で読みたいなんてことを考えて選んだんですが、最初の一、二カ月であまりにつまらないので(笑)、その後はほとんど授業を受けないまま終わってしまった。そのかわりフランス文学もその他の学問も勝手に、好きなスピードと好きな広がりで読んでいきましたね。でも田中さんのほうは、講義も追っかけながら、本も読んでたんでしょう?

田中　レヴィ゠ストロースは高校生のときに読んでいましたが、フランス語の授業でアラン・ロブ゠グリエの『消しゴム』や『覗くひと』に出会った。言語学の授業ではソシュールやチョムスキーとともに、ロラン・バルトに出会ったことが大変大きかった。文学の読み方が変わりましたね。

松岡　えらいなあ（笑）

田中　そのころの文学批評は、マルクス主義的な歴史観を使いながら意味を解いたり説明したりするということが中心になっていたでしょ。ロラン・バルトはそういうことをやめよう、もっと言葉をちゃんと読もうと言っていると私には思えて、そこがはるかにおもしろいと思えた。そのこともあって、大学二年生からアテネ・フランセに通ったのね。のちに、日仏学院にも行くようになった。そのあと、それらの影響があったうえで、日本文学のゼミで石川淳に出会ったわけです。

松岡　ああ、そういう順番だったんだ。

田中　そうです。バルトやフランス語から石川淳へ。

松岡　その飛び方がいいね。

田中　ここまですべて「出会った」と表現していますが、まさにそれが実感なんです。フランス文学者である石川淳の世界のなかで、いよいよ江戸文学に出会ったわけです。天明狂歌とサンボリズムの対比はおもしろかったし、ジッドの方法と江戸文学の方法が交叉した小説の発明もおもしろかった。

松岡　いい大学生だったんだねえ。しかも少女のころのアンデルセンから何かが一貫してつながっている。

田中　結果的にね。

日本文化は閃光のように

松岡　ぼくと田中さんとでは、日本への関心の持ち方も入り方もずいぶん違っていたけれども、おそらく共通点があったなと思うのは、同時代的な日本の大衆文化にはあんまり靡《なび》かなかったことかな。いま思うと、日本の七〇年代、昭和四五〜五五年あたりの大衆文化は「ぴあ」やタウン誌全盛で、ものすごくチープだったんですね。「ガロ」や一部の少女マンガがおもしろかったのを除くと、どうもパッとしない。たとえば、つげ義春は『ねじ式』(本章扉参照)のようなシュールな漫画で知識人にも支持されましたが、ぼくはぼくで昭和の渓斎英泉の登場だと思って、瞠目《どうもく》しました。そういう目覚ましい例もあったけど、おしなべて映画や現代アートもいまいちだった。韓国のほうがいいものがあった。ぼく自身はポップカルチャーが嫌いではないし、サブカルも応援したいという気持ちがあったけれども、ちっとも徹底してやらないな、つまらないな、ということをずっと感じていました。

パンクロックも日本で出始めていたし、いまでいうＬＧＢＴの人たちによる文化シーンも注目されつつあったんですが、やっていることがつましいというか、チープでしたね。アメリカではすでにドラァグクイーンがゲイ解放戦線の先頭でがんばっていたけど、日本ではまだ登場していなかった。でも日本には、男装した白拍子《しらびょうし》の芸に清盛も義経も後白河院も参ってしまうとか、出雲の阿国《おくに》が美少年と謳われた名古屋山三郎《なごやさんざぶろう》に扮して男装でかぶき踊りを始めて、それが観客を熱狂させたというようなことがあったわけです。そういう異装セクシュアリティを含んだかつての大衆文化のパワーにくらべると、七〇年代のサブカルはあまりにもおとなしかった。かえって「遊」の周辺のほうがパンクでしたよ。気になったのは状況劇場や早稲田小劇場や天井桟敷などのいわゆるアングラと、イッセイ、寛斎、ケンゾー、コム・デ・ギャルソン、ヨウジヤマモトのファッションかな。

田中　たしかに私には当時、サブカル体験がなかったです。すでにビートルズの時代は過ぎ去っていました。私のビートルズ体験は短くて、高校生のときに「サージェント・ペパーズ・ロンリーハーツ・クラブバンド」を聞いていただけでしたし、グループサウンズに夢中になった経験もない。友人とフォークを歌っていただけでしたね。それらも六〇年代に終わっていました。七〇年代には言語学や文学のほうがずっとおもしろくて、そのほかのことに好奇心が向きませんでした。

松岡　江戸時代の大衆文化をみていくと、何かが流行するときというのは、もっと鋭い閃光《せんこう》のような現象として起こっていたよね。たとえば西鶴が一昼夜で二万三五〇〇句の俳諧を詠むというようなパフォーマンスをしてみせたように、とんでもない速度感があった。辻が花のような手の込んだ染織が桃山から江戸にかけて大流行したかと思うと、あっというまに消えていく。阿国のかぶき踊りだって、閃光のように生まれてわずか数年で消えていった。写楽だってあれだけ人気を博したのに活動期間はわずかに一〇カ月ほどでしょう。にもかかわらず、阿国の芸はその後の歌舞伎につながっていきますし、辻が花は日本の染織文化史に燦然《さんぜん》と輝きつづけている。写楽人気はいまなおつづいていますよね。ぼくは、こういう閃光のように生まれて時代のなかで輝く才能をいくつも生み出していけることが、ほんとうの文化力だと思っているんですが、全共闘の終息と三島自決以降の昭和は、いささか緩慢でした。

田中　江戸時代初期の「かぶき者」と言われた人たちは、プロフェッショナルの芸人もいたし、単にかぶき者ファッションに身を包んだだけの人たちもいましたが、権力に取り締まられるほどの淫声《いんせい》と喧騒を持っていましたね。三味線音楽も歌舞伎も遊廓もそこから出現した。浮世絵はさらにそこから派生した。途中で生まれた洒落本や黄表紙は、まさに治世を乱すものとしてまた取り締まられるわけだけど、それでも隙間を縫って新しいものを生み出した。「大首絵《おおくびえ》」は取り締まりの結果生まれた「隙間」創造ですからね。

松岡　それでいうと、ぼくは六〇年代でそれをなしとげたのは、やっぱり土方巽だったなと思う。土方さんが暗黒舞踏を名乗って活動していたのも、わずか一〇年ちょっとですよ。そのあとは振付けと演出だけやって、自分では踊らなくなってしまった。だからこそ土方さんの踊りというのは、あの時代に遭遇した者の記憶にずっと閃光のように刻印されつづけているわけです。笠井叡《あきら》、勅使川原三郎、天児牛大《あまがつうしお》、田中泯《みん》などはその閃光の光跡のなかから生まれていった踊り手です。

もうひとつ加えておくと、当時の写真家たちです。すでにリチャード・アヴェドン、ヘルムート・ニュートン、ギイ・ブルダンらの凄腕の写真家たちが向こうで登場していたので、その影響もあったのだけれど、日本の六〇年代の写真家も冴えていた。中平卓馬《なかひらたくま》、森山大道《だいどう》、アラーキー(荒木経惟《のぶよし》)、横須賀功光《のりあき》、森永純……とかね。そこへ一匹狼のように出現したのが藤原新也だった。

田中　藤原新也の写真には目を見張りました。

松岡　さて、こんな話でよかったのかな。ちょっと視点を変えましょうか。ここまで、明治の日清・日露から昭和の戦争や敗戦について交わし、戦後については二人の体験した昭和日本をざっとスケッチしてみたわけだけど、ここでひとつ提案があるんです。それぞれが昭和を知るためにお勧めしたい本を一〇冊とか二〇冊とか持ち寄って、それをもとにさらに「昭和の読み解き方」をいろいろ交わしてみるというのはどうだろう。ぼくも田中さんも本が好きで、自分たちが体験してきた昭和の日々というと、それはすなわち本の日々、読書の日々だったわけです。もちろん時代の激動も体験してきましたが、それもつねにいろいろな本とともに体験していたのであって、本と昭和は分けられないと思ってきました。

田中　それはいいわね。松岡さんも千夜千冊エディションで『昭和の作家力』(角川ソフィア文庫)をまとめあげたばかりですね。あそこで扱われていた作家たちの本で、気になるものもいろいろあるんです。そういうこともぜひ交わしてみたい。

松岡　きっとそれらの本を通して、田中さんとぼくが過ごしてきた戦後昭和の姿をいろんな角度から浮かび上がらせることができるんじゃないかと思うんです。

田中　楽しみです。

5

本を通して昭和を読む

田中優子と昭和の書棚

昭和だったころも，令和の今も，蔵書の中心はいつも古典．時代の変化は，いつもここから眺めている．

昭和を知るための本

松岡　ここからは、田中さんとぼくが選んだ「昭和を知るための本」について、いろいろ交わしていきたいと思います。

「昭和を知るための本」と言っても、いわゆる参考書や歴史書のおすすめ本を挙げるわけではない。昭和に生まれ青少年・青少女期を過ごしオトナになっていった世代である田中さんとぼくが、それぞれ昭和日本というものについて考えさせられた本、何かを気づかされた本、影響を受けた本などを取り上げていきたい。

それぞれが挙げた本を、発表年の順番で一覧にしてみました。もちろん田中さんもぼくも、日本の本だけではなくいろんな国の翻訳書もたくさん読んできているので、ここに挙げているのは、あくまで「昭和問答」のための本です。

◎昭和を知るための本（T＝田中推薦　M＝松岡推薦）

＊以下、基本的には連載開始年。ただし一部は単行本刊行年。

和暦	西暦	著者名	書名
昭和四	一九二九	大佛次郎	『由比正雪』（T）
五	一九三〇	九鬼周造	『「いき」の構造』（M）
一一	一九三六	石川淳	『普賢』（M）
一四	一九三九	折口信夫	『死者の書』（M）
一五	一九四〇	織田作之助	『夫婦善哉』（M）
一七	一九四二	織田作之助	『わが町』（M）
二一	一九四六	坂口安吾	『堕落論』（M）
二三	一九四八	柳宗悦	『手仕事の日本』（T）
二七	一九五二	丸山眞男	『日本政治思想史研究』（M）
三一	一九五六	深沢七郎	『楢山節考』（M）
三三	一九五八	湯川秀樹	『旅人』（M）
三六	一九六一	大江健三郎	『セヴンティーン』（M）

三六	一九六一	山本周五郎	『虚空遍歴』（M）
三七	一九六二	安部公房	『砂の女』（M）
三九	一九六四	小松左京	『日本アパッチ族』（M）
		松本清張	『昭和史発掘』（M）
		有吉佐和子	『一の糸』（M）
四〇	一九六五	三島由紀夫	『豊饒の海』（M）
四一	一九六六	吉本隆明	『共同幻想論』（M）
四二	一九六七	鶴見俊輔	『限界芸術論』（M）
四三	一九六八	つげ義春	『ねじ式』（M）
四四	一九六九	石川淳	『天馬賦』（T）
		石牟礼道子	『苦海浄土』（T）
四五	一九七〇	廣末保	『悪場所の発想』（T）
四六	一九七一	中村真一郎	『頼山陽とその時代』（T）
		井上ひさし	『表裏源内蛙合戦』（T）
		石川淳	『狂風記』（T）
四七	一九七二	萩尾望都	『ポーの一族』（M）
四九	一九七四	白洲正子	『十一面観音巡礼』（M）

五〇	一九七五	山口昌男	『文化と両義性』（Ｍ）
五一	一九七六	石牟礼道子	『椿の海の記』（Ｔ）
		中上健次	『枯木灘』（Ｍ）
五二	一九七七	山本七平	『「空気」の研究』（Ｍ）
五三	一九七八	網野善彦	『無縁・公界・楽』（Ｍ）
		清水博	『生命を捉えなおす』（Ｍ）
		大島弓子	『綿の国星』（Ｍ）
五六	一九八一	木村敏	『自己・あいだ・時間』（Ｍ）
五七	一九八二	上野千鶴子	『セクシィ・ギャルの大研究』（Ｍ）
		大友克洋	『ＡＫＩＲＡ』（Ｍ）
五八	一九八三	藤原新也	『東京漂流』（Ｔ）
六一	一九八六	野口武彦	『王道と革命の間』（Ｍ）
六二	一九八七	松浦理英子	『ナチュラル・ウーマン』（Ｍ）
平成元	一九八九	簾内敬司	『千年の夜』（Ｔ）
四	一九九二	桶谷秀昭	『昭和精神史』（Ｍ）
五	一九九三	多田富雄	『免役の意味論』（Ｍ）

六	一九九四	梁石日	『夜を賭けて』(T)
九	一九九七	簾内敬司	『涙ぐむ目で踊る』(T)
一〇	一九九八	渡辺京二	『逝きし世の面影』(T)
二〇	二〇〇八	石内都	『ひろしま』(T)
二二	二〇一〇	渡辺京二	『黒船前夜』(T)
		島田雅彦	『悪貨』(T)
二五	二〇一三	髙村薫	『土の記』(T)
二八	二〇一六	村田沙耶香	『コンビニ人間』(T)
令和二	二〇二〇	島田雅彦	『パンとサーカス』(T)
五	二〇二三	志村ふくみ	『野の果て』(T)

松岡　ぼくは昭和一九年生まれですから、自覚的に本を読み始めたのがだいたい昭和二〇年代後半くらい、本を通して思索を深めるようになったのは昭和三〇年以降になるわけです。田中さんはぼくよりも八年ほど遅れて読書人生をスタートしているので、そのぶんがタイムラグになるわけで、そのあたりの感じが、この一覧に反映されているような感じがしますね。

あらためてリストを見てみると、ぼくのほうは小説が多いかな。もう少し思想書や科学書などを入れておくべきだったかもしれないけれど、忌憚《きたん》なく言うと、そのへんは海外のもののほうが圧倒的によかったので、ついつい選書しにくくなったということだと思います。

田中　私が挙げた推薦本は、よくよく考えると、その本について新聞や雑誌に書評やエッセイを書いていたものが多かったんですね。自分が書いたものは残っているので、できるだけ読み返してみました。すでにお話ししたように、私は子どものころは翻訳物を読むことが多かったので、このリストには反映されていません。**『「いき」の構造』**（昭和五年）と**『普賢《ふげん》』**（昭和一一年）はすでに松岡さんから推薦されていたので私の推薦には入れませんでしたが、これらは二人の推薦本と考えてほしいです。網野善彦**『無縁・公界・楽』**（昭和五三年）は私も、歴史の常識をひっくり返す記念碑的な本だったと思います。大学生のころに読んだ本は日本のものばかりではありませんが、それは松岡さんも同じですね。「日本の昭和」なので、日本人によって書かれた日本の本だけ推薦したわけですが、考えてみれば昭和に生きた人間の読書範囲は、地球上に広がっているし、過去にも伸びています。あらためてそう感じました。

松岡　田中さんが挙げた本は、平成になってからの本も、つい最近刊行された本も入れてますね。そのあたりの意図はおいおいうかがうとして、ぼくがちょっと意外だったのは、渡辺京二さんの『**逝きし世の面影**』は平成の出版なんですね(平成一〇年)。昔から読んでいたような気がしていた(笑)。

田中　『逝きし世の面影』は、「視点の逆転」を方法としています。これは「近代論」なんですね。西欧からやってくる人びとのまなざしのなかに、読者は自分を発見します。日本人である読者は幕末明治の日本人の側ではなく、そこを訪問した西欧人のほうに近いのです。明治大正の日本人だったら、まだその逆転は起こらなかったでしょう。昭和、とくに戦後だからこそ起こったことです。そこから見て、江戸時代の日本人の姿に驚くわけです。そして、どちらがよいのかわからなくなる。この近代でよかったのだろうか、と。この仕掛けをつくれたのは、渡辺京二が石牟礼道子の活動を支えながら、「近代とは何か」という大きな疑問に向きあって書きつづけてきたからです。石牟礼道子と渡辺京二は、戦前戦後を通しての「昭和の闇」を見つづけたと思っています。

『**黒船前夜**』(平成二二年)にも「視点の逆転」が仕掛けられています。「黒船」で「夜が明けたのか?」という疑問が湧くんですね。その前の日本は本当に「閉じて」いたのか、と。この本は日本に視点を置かずに、ロシアに視点を置きます。そうすると、彼らの目の前に現れるのはアイヌなのです。ロシア人がアイヌの案内で、千島列島を越えて北海道に初めて上陸したときのことを書いています。ロシア人と日本人の通訳をしたのもアイヌでした。副題は「ロシア・アイヌ・日本の三国志」で、中心はアイヌです。日本人は政府の人間ではなく、商人の高田屋《たかたや》嘉兵衛《かへえ》に注目しています。この本もまた、黒船つまりアメリカの軍隊によって始まった「近代日本」観を疑問視しているわけです。

松岡　詳しい解説だなあ。一冊ずつやると、これはたいへん(笑)。

雑誌も本も読んでいた

田中　松岡さんが挙げた本は、昭和二〇年代後半、つまりちょうど一九五〇年代以降の本は、ほぼ同時代的に読んでいた本ということになりますか。

松岡　そうですね。とくに昭和四〇年代以降の本は、田中さんが挙げてくれたものも、ほぼ同時代に読んでます。

前提となる話をちょっとしておくと、ぼくの昭和的読書体験は、単行本とはかぎらないんですね。文芸誌とか思想誌、総合誌を通して読んだものもかなり多い。ぼくが選んだ本も、先に雑誌で読んでいて、のちに単行本として刊行されたというものが結構あります。田中さんが挙げている中村真一郎の『**頼山陽とその時代**』(昭和四六年)も、ぼくは「中央公論」の連載中に読んでいた。埴谷雄高《はにやゆたか》の『死霊』も「近代文学」という雑誌で昭和二〇年代に始まって延々とつづいていて、その後しばらく中断されていましたが、昭和五〇年ごろから「群像」で再開されたのをずっと読んでいました。だからぼくのなかでは、昭和の読書体験というのは、雑誌と単行本の両方を通したものになるわけです。

ぼくが子どものころは、巡回雑誌といって、オート三輪に雑誌をいっぱい積んだ業者さんが一カ月ごとに雑誌をもってきてくれたんです。いわゆる貸し雑誌ですね。「文藝春秋」「東洋経済」「新潮」、あとほかに「群像」「文學界」「文藝」なんかをとっていました。父と母はよく貸し雑誌で読んだ小説や作家のことを交わしていたし、やがてぼくも両親といっしょになって雑誌に触れて、両親の読書談義に混じるようになっていった。

田中　そういうふうにして青少年期に読んだ小説のなかで、とくに影響を受けたもの、あるいは衝撃を受けたというようなものはありますか。

松岡　衝撃を受けたのは大江健三郎の『**セヴンティーン**』(昭和三六年)ですね。「文學界」に載ったのを読んだ。社会党委員長の浅沼稲次郎が右翼青年に刺殺された事件(昭和三五年)をもとにした小説ですが、前にも話したように、ぼくは高校生のときに、浅沼事件の翌朝に上級生から

「君は悲しくないのか」と詰《なじ》られてびっくりしたという経験をしていた。その事件をもとにした小説が、事件のあった翌年に巡回雑誌で届けられたもののなかに入っていた。そのことにショックを受けたんです。なにしろ、当時のぼく自身がちょうど一七歳だった。それもあって、この体験によってぼくがそれまで思っていた「小説」というもののイメージが大きく変わっていきます。もちろん、カフカやサルトルやトーマス・マンによっても変わったのですが、ぼくの戦後の日本現代文学体験は大江ですね。

ただし、当時はまだ大江のような作家たちが、日本語を駆使して昭和日本の何を暴こうとしているのかというようなことまではわからなかった。その前に大江が書いた『飼育』(昭和三三年)も雑誌で読んでびっくりしていたし、その後に発表されたものも読んではみましたが、カリエス患者とか黒人とか犯罪少年とかを描きながら、性的人間とか政治的人間を見つめていく大江の意図は、長いあいだ摑めなかったんですよ。ただ、作家というものは、何か時代や社会を抉《えぐ》っていくという強い意思や意図をもって作品を世に問うているんだなということを初めて衝撃的に知ったのが、『セヴンティーン』だったわけです。

田中　その後、大江健三郎の作品がわかるようになってからはどうでしたか。

松岡　わかるようになってからは、あまり読まなくなった(笑)。好みという点では、ここにもあげた安部公房の『**砂の女**』(昭和三七年)のような、ちょっとシュールでSF的なもののほうに惹かれてきたし、同じく小松左京の初長篇作『**日本アパッチ族**』(昭和三九年)のように、荒唐無稽な未来を描きながら昭和日本の矛盾というか、実存を描くようなもののほうに興味をもっていましたね。

ほかに昭和の事件や闇を描いたものとして、ぼくがずっと追いかけて読んでいたのはやっぱり松本清張です。まず「文藝春秋」で連載されていた『日本の黒い霧』(昭和三五年〜)、それと「週刊文春」で長期連載された『**昭和史発掘**』(昭和三九年〜)。ぼくが生まれる前の戦前の昭和はもちろん、戦後の下山事件とか三鷹事件とか松川事件といった、GHQによる占領時代を背景にした陰謀的な昭和史を、松本清張が暴いたことによって初めて知ることになった。

田中　松岡さんが選んだ本のリストでは、いま話に出た安部公房、小松左京、松本清張とほぼ同時代の吉本隆明や鶴見俊輔の本が挙がっていますね。これはどういう出会いだったんですか。

松岡　「遊」のラストに近いころに昭和をめぐって吉本さんと対談をしたという話をしましたね。じつはぼくは、吉本さんにはすでに大学時代に触れていたんです。当時、早稲田に「自立学校」というのがあった。埴谷雄高、吉本隆明、梅本克己、黒田寛一、谷川雁《がん》といった論客たちが入れ替わり立ち替わりやって来ては喋《しゃべ》るという、変わったサロン的な学校でした。ぼくは左翼運動に忙しくてろくに大学に行っていなかったけど、そういう人たちの話は機会があれば聞くようにしていた。とくに吉本については、そうやってナマで聞いた話にもびっくりしたし、あとで『自立の思想的拠点』とか**『共同幻想論』**（ともに昭和四一年）といった本を読んで、さらにびっくりした。ごくごく簡単な図式でいうと、国家というのは幻想にすぎない、リアルな共同体というものを国家に奪われてはならないという主張というか、アジテーションだというふうにぼくは受け止めたんですね。そのせいで、以降しばらくは、「じゃあその奪われてはならない共同体ってどこにあるんだ？」というようなことを考えつづけた。よくも悪くも、共同体という考え方に引っ張られていってしまった。そういう観点でもういっぺん安部公房や小松左京を読み直してみたりもした。

結局、この「共同体」をめぐる闘いがぼくのその後の読書のテコになっていったように思うんですね。「本当にそうなのかな」「騙されないぞ」という裏腹な気持ちもずっとあった。のちのち、ベネディクト・アンダーソンの『想像の共同体』（一九八三年発表）とか、ナショナリズムとかオリエンタリズムに関する本などにも触れるようになって、ぼくなりの自立的共同体論をさらに深めていくことになるんですが、二〇代の読書ではずうっと「共同体って何だ」という問題意識を行ったり来たりしていましたね。

その一方で、鶴見俊輔の**『限界芸術論』**(昭和四二年)のように、中心ではなく辺境にあるような大衆文化や大衆芸術に注目する思索者たちも出てきて、ぼくはこちらのほうにも関心を寄せていたんです。たとえば先に話した漫画家のつげ義春は「ガロ」とともに伝説化されましたが、ぼくは昭和の英泉だと見て注目した。ここでは**『ねじ式』**(昭和四三年)を挙げておきました。つまり、一方の極には天皇を置いた日本の幻想的な共同体というものを問題にする連中がいて、一方の極には民衆や大衆が生み出していったもののほうに重きをおく連中がいる。では、どちらのほうに軸足を置いて考えていくのがいいのか。ぼくの青年期の読書というのは、ずっとそういった対極的二軸を睨《にら》み読みするというものでした。

別世界としての小説

松岡　田中さんのロラン・バルト以前を知りたいな。日本人の本はどんなもの？

田中　子どものころは、ほとんど翻訳ものしか読んでいなかったんですね。日本のものを読むとしたら、やはり親が買っていた文芸雑誌を通して読んでいただけです。だから五木寛之の初期のもの、たとえば『蒼ざめた馬を見よ』(昭和四二年)などを同時代的に読んでもいたのですが、自分で求めて意欲的に読んでいたということではなかった。好んで読んでいたのは、横光利一の作品ですね。横光は私のなかでは本格的文学というより、幻想小説として楽しむ対象でした。『日輪』(大正一三年)は卑弥呼の時代を、厳粛な演劇のような対話で書き、『蠅』(大正一三年)は蠅一匹を主人公にして、なんということのない村の人びとをじつにうまく書いています。『春は馬車に乗って』(昭和二年)は、生々しく息苦しい妻の看病の毎日なのですが、どこか幻想的です。安部公房や星新一も、SF小説のように楽しみとしてよく読んでいました。

松岡　田中さんが少女期にSF好きだったというのは、意外なつながりを感じられてうれしいな。

田中　小学校の高学年になると、志賀直哉をよく読んでました。とくに『暗夜行路』(大正一一年〜)がとてもおもしろかった。エドガー・アラン・ポーを読んでいたので、その連続線上にアメリカのSF小説もよく読んでいましたよ。

松岡　小学校高学年で『暗夜行路』？　少年の読書にくらべてうんとませている(笑)。

田中　もう一人は芥川龍之介。いったい芥川と直哉がどうやって私のなかで両立していたのか、いま思うと不思議ね。いままであまり考えてきたことがなかった。一度ちゃんと考えてみなければと思っているんですが、この二人はまったく違いますよね。でも当時の私は、芥川も、やはり横光や安部公房を読むのと同じような感じでとらえていたと思います。別世界を描いているという意味で。

松岡　『今昔物語集』を元にしたものなどは、たしかにそうですね。

田中　『蜘蛛の糸』(大正八年)なんかも、別世界の物語だと思って読んでいた。『暗夜行路』も私にとっては、自分とはまったく違う種類の人間が最終的に死の世界と合体していく、その経路が非常に細かく、一字一句丁寧に書かれたものというふうに受け止めていた。そういう「書き方」というものがあるんだということを、身体性、つまり体のなかの感覚としてとらえていたように思います。そういうものが私にとって心地よかったんですね。こちらの身体の全体性をあちらの世界に持っていってくれる、そういう言葉に触れることのおもしろさね。翻訳小説をよく読んでいたのも、自分にとっての別世界に身体で入っていくことの喜び、というような理由だったかもしれない。

松岡　小説以外ではどんなものを?

田中　SF小説の延長線上にあったのが、科学本のブルーバックスです。それから雑誌ね。小学校から中学のころは「天文と気象」とか「SFマガジン」。高校生のころは「展望」とか「世界」とか「現代の眼」とか、もちろん「朝日ジャーナル」。学生運動をやっていた兄が本棚に並べていたんです。そういうものを、わかってもわからなくても、めくってみるというような感じで接していましたね。そのうち、益田勝実とか吉本隆明の書いたものに関心を持つようになった。それから羽仁五郎の『都市の論理』(昭和四三年)などを読むようになって。

松岡　あれは強烈だったね。

田中　でも、内容はあまり覚えていません。自分の生き方に深くかかわるものか、まったくかかわらない別世界のものを、手に取っていたのだと思います。その意味では、ボーヴォワールの『第二の性』(一九四九年原書刊、一九五三年翻訳刊、一九五九年新潮文庫)のほうが、忘れられない。自分が女であることをどう考えるかという、生き方に直結する本だからです。考えた結果、高校生のころは「一生結婚しない」と決めていました(笑)。やがて六〇年代後半の動きのなかで、文学と社会運動との関係に関心を持つようになり、それで小田切秀雄を読むようになって、法政大学に入ったわけです。

松岡　大学以前の読書体験だけでも、そうとうに広いし深い。まず高校生のときに益田勝実を読んでいるというのは非常にめずらしい。『秘儀の島』(昭和五一年)にしても『火山列島の思想』(昭和四三年)にしても、折口や柳田とはまったく違った独創的な民俗学だよね。

田中　古代文学者でもあります。教科書に出ていたんですよ。たしか筑摩書房の教科書だった。

『火山列島の思想』のなかの一部が掲載されていた。『古事記』論から取った文章でしたが、それが私にとっては非常に強烈だった。古代文学というのは、とてもおもしろいものだなと思った。そのころ新書が次々生まれていましたが、西郷信綱、永積安明《ながづみやすあき》、廣末保《ひろすえたもつ》が共著した岩波新書の『日本文学の古典 第二版』(昭和四一年)は、何度も読み返しました。西郷信綱も『詩の発生 文学における原始・古代の意味』(昭和三五年)や『古代人と夢』(昭和四七年)を書いた古代文学の研究者です。そのころ私がおもしろいと思っていたのは現代文学か古代文学、その両端だったわけです。中世もおもしろいと思った。歴史学者の石母田正《いしもだただし》が書いた岩波新書『平家物語』(昭和三二年)を熟読しましたよ。いずれにしても、まだ江戸時代はまったく視野に入っていなかった。

松岡 特定の作家の本を網羅的に読んだりもしていたの?

田中 そのころは一人の作家の作品を全部読むというような習慣はとくになかったですね。少年少女文学全集なんかはぜんぶ読みましたが、基本的にはバラバラに気になったものを読んでいた。

松岡 意外かもしれないけれど、ぼくは少年時代には壺井栄と小川未明を連続的に読みましたね。中高時代は家にあった漱石、ヘッセ、虚子の全集ですね。ただ、考えてみれば出版物として個人全集が充実していったのは昭和の後半で、ぼくたちが高校生、大学生のころはあまりよい個人全集がなかった。いろいろな作家のものをまぜまぜにして出す文学全集型のもののほうが多かったから、一人の作家の全集を読むのは、ずっとあとからですね。

田中　文庫も相当な数が出ていたけれど、それでも今ほどの数ではなかった。

松岡　古典は早くから岩波文庫が揃えていたし、海外ものは新潮文庫が頑張っていたけど、日本の同時代の作家のものは、まだまだ文庫は出揃っていなかったかもしれない。だから雑誌や単行本で追いかけていないと、読めなかったよね。

同時代の体験を読む

田中　そんなふうにいろんな本をバラバラに読んでいるうちに、自分が生まれてから経験してきたことやそれによってたどってきた世界観や社会観や身体感と、共通した体験や感覚をもっている著作者がいる、そういうことを書いた本があるということがだんだんわかるようになってくるんですね。そのきっかけが、藤原新也の『**東京漂流**』(昭和五八年)だったんです。

松岡　そう、それそれ。少女だった田中さんが、庭のイチジクの木が伐られたことによって、日本の大人たちが優先させつつあることに違和感や反発を覚えたことと、藤原新也の実家の旅館がつぶされたときのエピソードに共通性を感じたという、例の話。

田中　大学で教えるようになってから、『東京漂流』をぜひ学生にも読んでもらいたいと思って、教室のなかで配ったり一部を読んだりしたんです。ところが、全然わかってくれなかった。これはいまの学生たちには共有してもらえない感覚なのだと思い知らされた。

松岡　反応がない？　それはいつごろのことなの？

田中　一九八三年、『東京漂流』が出てすぐですよ。私は八〇年に教員になっていますので、それからまもなくという時期。学生と共有できなかったのはなぜなのだろうと考えてみたら、藤原新也が一九六〇年代に経験したことと私が経験したことが同じだったということがわかった。むしろ藤原新也と私の共通性に気がついたんです。

『東京漂流』のなかに「2つの十戒」という章があって、藤原新也が生まれ育った門司の旅館のことが書いてあって、それを「母胎」と呼んでいるわけです。それが高度成長期にだめになってブルドーザーで破壊されていった。その様子を見とどけながら親たちといっしょに門司を去っていくんですが、そのときにいっしょに連れていこうと思った猫が腕のなかからスルリと逃げてどこかへ行ってしまう。そういうすごく悲しいシーンが書かれている。この腕から抜けて逃げていく猫というのは、高度経済成長時代のなかで「失われたもの」の象徴なんですね。親たちの世代にとっては高度成長はいいことで、そういう時代に生まれた子どもたちも夢のある生涯を送ることができると考えていたのかもしれないけれども、藤原新也はむしろ「失った」という感覚を強烈に持っていた。その感覚は、私も当時持っていたものだった。

松岡　そのことについて一言加えておくと、藤原新也とぼくは同い歳、ともに昭和一九年生まれなんですね。で、藤原君がまだ駆け出しで、ぼくも「遊」をなんとか出しつづけようと悪戦苦闘していたころに出会った。藤原君はチベットとかインドを旅して写真を撮りまくって、それをもとにのちに『全東洋街道』という一冊になる連載を始めたばかりでした。出会ってからは親友同士として家族ぐるみで付き合った。だから藤原君が経済成長を求めていく日本、経済大国化していく日本を嫌だと思っていたというのは、話っぷりからもよくわかった。ぼくもそうだったし、そういう話もしょっちゅう交わしました。一番嫌だったのはアメリカナイズしていく日本で、それは共通した感覚だったので、藤原君がまずアジアに出ていって、それから東京に向かったことにも共感できた。

そんな藤原新也と松岡正剛のことを、田中優子さんは両方ともしっかり摑んでくれている。そのことがものすごくうれしいですよ。藤原君もぼくも、一般的な読者を相手にしているのではない、田中優子のような読者こそを待っていた。そのことに田中さんがしっかり応えてくれてたんだなと感じています。こうやって田中さんと『日本問答』『江戸問答』『昭和問答』と立てつづけに日本のことを交わしてきたことも、そういうことに関係していたんだと、今になって思います。でも、田中さんが『東京漂流』にピンときて、大学生たちに読ませてみたらあまりにもピンとこなかったという話も、すごくシンボリックだな。

田中　『東京漂流』には、個人的な体験だけじゃなくて、三里塚の話なども載っていますよね。金属バット殺人事件の話も載っている。当時二〇歳の浪人生が両親を金属バットで殴り殺した事件です。当時人気の新興住宅地、田園都市線の宮前平で起こっているんです。あの事件のあと、子どもが親を殺すなど、家庭のなかで起こる殺人事件はすっかりめずらしいものではなくなってしまったけれど、あのころはまだ異常なニュースだった。私には、そうやって『東京漂流』に書かれていることは、ぜんぶひとつながりというふうに見えていたんです。

たとえば、私は大学一、二年生のころに三里塚に行っていました。なぜ行ったかというと、三里塚というのは私にとっては他人事ではなく、自分の問題がそこにあるという気がしていたんです。水俣もそうでした。これらはすべて、「こちらの方向が正しい」と、国や大企業や航空会社や親たちが次々に行っていく「開発」や上昇志向が、じつはそこに暮らす人びとの生命の根っこを奪っていく行為だったということです。「受験」を中心とする子どもたちに対する上昇志向の押しつけも、同じなんです。それはすべて自分の問題と同根でしたね。自分の問題がそこにあると思えないと、私は動けなかった。

松岡　動くというのは？

田中　行動するということです。「書く」ということも含まれます。それは自分の問題であると思わないかぎり、そういう行動をしたり書いたりしてこなかったんですね。つまりイデオロギーで動くということはしなかった。オルグだけでも動かない。運動にかかわっていたころも、いろいろな人がいろいろな説得をしに来るわけですが、これは自分の問題だと思わないかぎり動かなかったのね。そういう運動の仕方しかしてこなかったんです。勉強しなさいといくら言われても、それを勉強する意味がわからないと勉強しないというのと同じようなものね。自分が自分の問題として納得できないと動かないし、動けない。三里塚とか水俣の問題は私のなかにあったし、ベトナムもあった。だから動くことができた。

松岡　ぼくは学生時代はイデオロギーで動いたね。もう少し正確にいうと、イデオロギーとは何かということを確認したかったということです。田中さんはイデオロギーの来し方行く末の動向ではなく、実感を重視していた。『苦海浄土』や『東京漂流』はその実感の交叉点になった。そうすると、田中さんにとって次に向かった「江戸」というのはどういうものだったんですか。三里塚や水俣のようなものとは違うよね。

田中　『東京漂流』の感覚を持ちながらも、藤原さんはアジアに行きましたよね。逃れるようにしてインドにも行った。私にとっては、それが江戸だったんです。

松岡　ああ、そういうことか。

田中　だから江戸を扱うときに、アジア抜きではできないと最初から思っていましたね。最初に出した『江戸の想像力』(昭和六一年)もまさにそういう出来具合になっています。というのも、当時私はちょうど中国に行くことになっていて、その準備をしながら書いていましたから。で、実際に『江戸の想像力』を書き上げてから中国に行った。

松岡　『江戸の想像力』が文部大臣新人賞を取ったときは中国にいたんでしたね。あとがきを読むと北京のことが書いてある。

田中　北京であとがきを書きました。だから、江戸時代とアジアというのは私にとって、戦後の日本とはまったく違う価値観のなかで一連のものなんです。

松岡　なるほど、昭和の渦中のリアリティからだけでは摑めないものがあると感じたわけだ。それはよくわかります。読みたい本も変わっていくよね。

田中　松岡さんだって、そうでしょう。

日本のナショナリティを読むための本

松岡　いまの田中さんの話に言寄せて、ひとつ話を挟みます。ぼくがなぜ『セヴンティーン』以降の大江健三郎にはいまいち入れなくて、たとえば安部公房には入れたのか、その違いは何だったのかというと、次のようなことだったんじゃないかと思うんです。

さっきもちょっと言いましたが、敗戦した昭和日本のなかで左翼幻想と共同体幻想という二つが生まれていったのはなぜかということに、ぼくはずっとひっかかっていたんですね。学生のときは左翼運動のほうに引っ張られていったけれども、その一方で明治維新を研究した色川大吉が秩父のコミューン（困民党）に関心をもつとか、松本健一が隠岐のコミューンに着目するとか、それからぼくより四歳ほど上の鈴木忠志という早稲田小劇場を起こした男が新島闘争（新島ミサイル基地化反対闘争、一九六一年）のあった新島を舞台にした演劇をつくるといったことがいろいろ起こっていたし、そういうものも気になっていた。でも、ぼくにはそういうコミューンというような発想はなかなか持てなかったんだね。

そのうちに、そもそも日本は、左翼に行くか共同体に行くかということを、どこでどう考えるようになったのか、敗戦したから考えたのか、それ以前からそういう根があったのか、そういう疑問が出てきた。やがて、日本の知識人たちが左翼幻想とか共同体幻想に行くというのはどうも違うんじゃないかと思うようになったんですね。それって、社会主義のプリンシパルや指導原理がもとになっているんじゃないか、つまりソビエトや中国共産党の指導のなかに日本が嵌《はま》っていただけではないか。つまりイデオロギーの限界を感じてしまったんですね。しかも、そうしたイデオロギーには「日本」や「日本史」が入っていない。だとしたら日本が本気で思想しているとはとうてい思えないぞというふうにね。

それで、ぼくはぼくであえてナショナルなものやパトリオットなものやエスニシティに触れないとだめだという気になった。たとえば、ぼくが生まれた昭和一〇年代の後半から二〇年代にかけて、織田作之助が『**夫婦善哉**』(昭和一五年)や『**わが町**』(昭和一七年)を書いて大阪という市井《しせい》に生きる人びとを見つめた。坂口安吾は『**堕落論**』(昭和二一年)を書いて敗戦後の混乱のなかで生き抜く人たちのことを取り上げた。こういう織田作や安吾のように、戦後日本の闇市とかカストリとかヒロポンのようなものがいっしょくたになっている世界のほうから、日本のナショナルやエスニシティというものを考え直すべきではないかと思ったんですね。おすすめリストに挙げた本にも、そうやって選んで読んできたものが何冊か入っています。となると、そういう風情や心情は大江健三郎が次々に問うていた作品群では補えない。市井は綴られていないからね。ここは思い切ってそういうものを通して昭和日本が何を考えたのかというのを読むというのが、ぼくの読書遍歴の形成になっていったわけです。

田中　つまり、国家への反発とかコミューンへの加担には興味はありながらも、いったん離れようとした。

松岡　そう、別の見方を導入していかないと国家もコミューンも自分なりに語れないということです。それで織田作や安吾に耽《ふけ》ったんですが、ところが、ちょっと先まで行くと、そういうものがぜんぶ混じってくるときが来るんですね。つまり、左翼幻想とか共同体幻想に走りすぎた昭和日本というものが、結局日本のナショナルなものの見方に混じってくるところがあって、そこをあえて混ぜることを試みた著作にだんだん惹かれるようになった。そこからがぼくの本格的な読書体験で、田中さんとつながっていくことにもなる。具体的にいうと、廣末保とか中村真一郎とか井上ひさしとか山口昌男とか、白洲正子とか石牟礼道子とか、こういう人たちによって昭和四〇年代以降にバーっと著作されたものたちを読み込むようになった。この人たちに共通していることは、いずれも日本の「現在」というものを直接的には書いていないということです。いろいろな歴史の一部をとらえながら、それを現在化するという手法を見いだしていた。

たとえば有吉佐和子の『**一の糸**』(昭和三九年)は昭和中期の文楽の分裂を描いているだけのようでいて、ぼくには松本清張の『昭和史発掘』とつながっていく世界のように読めた。GHQによる占領体制のなかで日本の労働運動や社会運動がどんなふうに疑獄事件に巻き込まれていったのかといった話と同じように、アクチュアルに『一の糸』を読むことができた。ぼく自身、こういう有吉さんの方法のほうに大きな可能性を感じるようになっていったわけです。また、山口昌男が『**文化と両義性**』(昭和五〇年)を発表して、文化というものはすべて両義的である、「聖と俗」のようなものを抱きあわせてみないと文化は読み解けないということを書いていった。こういうものに触れることで、ぼく自身の昭和の読み方が変わってきたんですね。

日本の地域文化にも、ずいぶん引き込まれましたね。それも柳田、折口、宮本常一というよりも、もっと新たな掘り起しを試みたもの。たとえば白洲正子です。リストには『**十一面観音巡礼**』(昭和四九年)をあげましたが、白洲さんの本はリアルタイムにほとんど読んだ。とくに「近江」についての洞察は歴史学者にはできない深みを感じました。

田中　そういうふうに歴史や文化を扱う手法のほうに、日本を読み直したり昭和日本を考えたりしていくときのヒントがあるというふうに気づき始めたんですね。

松岡　もう少し別な言い方をすると、昭和をどう見るかということは、織田作や安吾、あるいは映画でいうと小津安二郎の《東京物語》とか《お茶漬の味》でいいんだ、あれで一角が了解できるんだという確信を、昭和思想はなかなか持つことができなかったんじゃないかということですかね。ぼくの周辺では左翼幻想や共同体幻想がものすごいラディカルな言説をもって流行っていたし、ぼくも学生時代は少しはそういうものに惹かれていたけれど、それらの「おおもと」が何かを考え始めてみると、自分が生まれるよりも前に書かれた織田作や安吾に入り直すことになったということかもしれない。そこまで戻ることでようやく安部公房や三島由紀夫、あるいは大江健三郎が何を描こうとしたのか、どういう方法を選んだのか、そこには何が満ちていて、何が足りなかったのかということを読み直すことにもなっていくわけです。

日本の科学者たちの思索と情緒

田中　松岡さんがこのリストのなかに挙げている本の位置づけや理由がようやく見えてきました。このなかに、湯川秀樹さんや清水博さんのような科学者の本が取り上げられているというのも、松岡さんならではですよね。

松岡　それも、ぼくのなかではいまの話とつながるんです。昭和日本における理科的なものの衰弱というか、日本人科学者の肩身の狭さみたいなものがずっと気になっていた。日本の科学は欧米が先駆した研究を後追いするばかりで、独自な科学というものをまだ持ち得ていなかったんですね。そんなときに、朝日新聞で湯川秀樹の『**旅人**』の連載が始まって（昭和三三年に単行本化）、ぼくはそれを母とともにずっと読んでいた。母と「湯川さんは偉いな、偉い人やな」とか「こんなこと考えはったんやな」「台風の日に中間子を思いつかはったんやな」というような会話を交わしながら読みつづけるなかで、こんなふうに日常のなかで科学をやれる人がいるんだと思ったんです。その「日常」というのは、湯川さんは京都にいましたから、ぼくや母の日々とも連続していた。また、老荘思想や芭蕉の考え方とのつながりも強調していた。湯川さんは後に『創造的人間』（昭和四一年）という本を出していて、東洋思想のなかで科学を思考していた様子を詳しく書いている。そういうものを通して、やっと日本の科学というもののあり方がわかったような気がしたんですね。

日本の科学者にノーベル賞クラスがいなかったとか、やっとノーベル賞やフィールズ賞をとれるようになったという話ではありません。寺田寅彦、中谷宇吉郎、牧野富太郎、高木貞治、岡潔など、ユニークな科学者や数学者をけっこう輩出しているんです。しかし、それらを二〇世紀科学の最前線の文脈に組み入れて語れる思索ができていなかった。湯川さんはそこをつなげたんですね。

一方、相対性理論や量子力学や分子生物学などによる二〇世紀の科学、あるいはゲーデルの不完全性定理ののちの現代数学の最前線では、日本もほぼ同列の研究成果を見せるようになるんですが、構想が独創的であるかどうかという点では、やや劣ります。そうしたなか、たとえば南部陽一郎や清水博の登場からは勇気をもらいました。南部さんはクォーク理論の研究者ですが、ビッグバン以前の対称性の破れについての仮説を組み立てて、大きな影響をもたらした。清水さんは複雑系の科学についての日本の先駆者で、カオスと生物物理学をつなげ、生命と情報の関係を独自に読み解いた。ぼくは清水さんの影響をものすごく受けています。

田中　清水博さんの『**生命を捉えなおす**』（昭和五三年）は私にはちょっとむずかしかったけれど、生命が情報生命体であること、生物科学が動的な状態を解明しなければならないこと、「内」と「外」の「あいだ」こそ、これからの科学思考が向かうべきところだという見方は納得できました。

松岡　ええ、そこなんですね。

田中　木村敏の**『自己・あいだ・時間』**(昭和五六年)を取り上げているのも、いまの話の流れにつながりますね。

松岡　二〇世紀はニーチェの「神は死んだ」とフロイトの「心の発見」で始まったわけですが、ではその後は「神」と「心」が存分に議論されてきたかというと、ちょっとあやしい。とくにフロイトとユングに始まり、エリクソンの「アイデンティティ」(自己同一性)を軸に発展していった精神医学には、少々不満があるんです。また「心」や「意識」の正体を脳科学がさかんに解明しようとしているのですが、こちらもどうも紆余曲折がありすぎて、納得がいかないことが多い。

そこで、こういう感覚のなか、ずいぶんたくさんの研究や仮説を読んできました。めぼしいものは千夜千冊にもとりあげたのですが、たとえば多田富雄の**『免役の意味論』**(平成五年)や中村雄二郎の『共通感覚論』(昭和五四年)、木村敏の『あいだ』(昭和六三年)や『自己・あいだ・時間』などは刺戟《しげき》的でしたね。いずれも「関係」や「相互性」を重視する科学です。

田中　ふだん松岡さんから直接には聞いたことのない話なので、たいへんおもしろいです。ほかにどんな本が、日本の科学を考えるヒントになったんですか。

松岡　数学者の岡潔の『春宵《しゅんしょう》十話』(昭和三八年)という本があります。そのなかで岡潔が「春泥のようなものを数学者は相手にしているんです」ということを言っている。高校時代に読んだのですが、ものすごくびっくりした。こういうセンスはぼくがそれまで親しんでいたヨーロッパの科学、たとえばポアンカレやマクスウェルやニュートンだとかアインシュタイン型のものとはちょっと違っていた。「情緒の数学」なんです。

以降、ぼくの昭和の読書体験のなかに、科学的な東洋観と東洋的な理科感覚というものがどんどん加わっていきました。西の錬金術でなくて東の錬丹術、西の植物学でなくて東の本草学、ダーウィンの進化論ではなく南方熊楠の十二支論というふうに、博物学的な東洋や日本を追うことにもなった。その読書の系統はいまなお、ぼくのなかに息づいているんです。

言葉の場所としての共同体

田中　こうやって交わし合っていると、昭和体験というものはなかなか一般化しにくいですね。そういうふうにできるものではないんでしょうね。

松岡　できないね。安易にはできないということを白状しようよ（笑）。

田中　たとえば、前に話に出た鈴木忠志は、左翼的なコミューンをつくろうとしたわけではなくて、それをつくることによって人間の身体のあり方を変えようとしたわけですよね。つまり、身体というものは日常生活のなかにいると変えられない。コミューンのなかでしか変えられない。だから、演劇的なコミュニティをつくることによって変えようとしたのですね。

松岡　井上ひさしの戯曲を上演するために創られたこまつ座もそうです。

田中　井上さんは言葉ですね。私がリストに挙げた井上さんの『**表裏源内蛙合戦**』(昭和四六年)もそうです。ああいう演劇はそれまでなかった。

「表裏源内」が描いていることは、遊廓というのはつまり言葉の問題だったのだということです。遊廓というのは都市のなかにつくられた「もうひとつの都市」なんですね。それが何によって成り立っているのかというと、遊女言葉です。ということは、これは言葉によって別のコミュニティが成り立つということを言っているのと同じで、そうであるなら言葉によって国家も変えてしまうことができる。

こういうふうに、コミュニティや共同体というのはたんなる空間の問題ではないものになりうるんです。身体とか言葉とか、あるいは生き方とか、もっと生々しい感覚とか、こういうものが共同体的なものをつくり上げていくわけですね。それがまるで絶対であるかのように、あるいはアプリオリにあったかのように思うということから「幻想」というふうに呼ばれるんでしょうけれども、でもそういうものを実際の身体や言葉を通してつくってみせるということを、一九六〇年代から文化をつくろうとしていた人たちはわかっていたんだろうと思うんですね。そういうふうにして別のありようがつくられていくことを、私たちは目の前で見ることができていた。

松岡　よくわかります。

田中　私の学生時代、廣末保が出てきて**『悪場所の発想』**(昭和四五年)を書くんですが、廣末さんは高知の出身で、自分が育ったお遍路《へんろ》さんの世界というものをずっと持ちつづけていた。お遍路さんを日々目の前にしていたのに、自分はお遍路さんの世界には行かれなかったという思いがあった。漂泊する人びとのほうには入れなかった。だから自分が暮らしている日常からは遠いもの、逆のもの、反対のものとして、「悪場所」に目を向けていったんだと思うです。

松岡　田中さんがリストに挙げた廣末さんの「悪場所論」からほぼ一〇年後に、網野善彦さんの**『無縁・公界・楽』**が出ています。いずれも西洋史からは出にくい主題だよね。

田中　どうしてこの時代に廣末さんや網野さんのように、悪場所や公界に注目する人が出てきたのだろうと考えると、都市にしても農村にしても、そこで人間が暮らしていく意味が失われてしまったということだったと思うんです。これがまさに近代の性質でもあるんですが、では昭和のいつからそうなったのかということが、よくわからない。戦争中は国家総動員体制ですから、完全に幻想の国家のなかに生きていたわけです。でも敗戦したとたんにそれが外れてしまった。日本はGHQの占領下におかれ、アメリカ的民主主義の世の中が来ますよという風潮にみんな乗せられた。それはまさに身体まるごとの体験として、コッペパンと脱脂粉乳で育つというようなことになっていった。こういう時代を振り返ったときに、そんな幻想的な国家には与《くみ》せないと考える人たちが出てきたのだろうと思うんです。そういう考えが、身体によって共同体的なるものをめざした演劇の活動などともどこかでつながっていたのではないか。

松岡　戦後の高度成長期、読書界では司馬遼太郎が受けていたでしょう。読むとおもしろいけれど、そのおもしろさは男が勝負に出るときの高揚感ですよね。それがビジネスマンにも迎えられた。リゲインという栄養ドリンクのコマーシャルで「二四時間、戦えますか」というセリフが有名になったけれど、あれだよね（平成元年にヒット）。日清・日露を描いた『坂の上の雲』（昭和四四年〜）などは、全篇がリゲイン（笑）。けれども、その後の日本はこの対談で話してきたように、戦争から降りられなくなっていった。井上ひさしはその矛盾を笑いにまぶして芝居にしていった。

田中　幻想としての国家や共同体を全部否定して生きていけるのかというと、なかなかそうはできないわけです。だから結局、そういう疑問に気づいた人もある種の二重性を生きることになりますね。二重性というのは、まさに安部公房が表現したみたいに、共同体的なもののなかに引きずり込まれそうになりながら、そうなっていく自分を別な自分が見ている。反抗も抵抗もできないし、抜け出すこともできない、仕方がないなと思いながら、引きずり込まれていく自分を見ている自分がいる。こういう二重性を持つようになるんじゃないか。そういう感覚が、言葉や身体を通してリアルな表現を生み出してくるのではないか。井上ひさしの言語小説だって、この言語が絶対的だというような思い込みのなかに入り込んでしまっていたら書けないですよ。

松岡　井上さんはありとあらゆる言語実験をちりばめているものね。それによって、みごとに日本の言語の裏表を書きつつ、じつは昭和社会の矛盾を暴いてましたね。『東京セブンローズ』(平成一一年)は敗戦直後の日本語のあわてふためきを浮上させていた。

田中　言語というのはつくられるものだと信じているんでしょう。『表裏源内蛙合戦』では、遊女たちがみんなそれぞれお国言葉を喋るくだりがあるんですよ。

松岡　あれがすごくおかしい。笑っちゃう。

田中　その方言をなかったことにする。そうして、別なものをつくりましょうと遊廓言葉をつくってしまう。そうすると、そこに別のコミュニティが生まれてくる。そういう言語のあり方を、井上さんは指摘した。私はこれに、びっくりしたんです。これは遊廓論の白眉《はくび》だと思っています。

松岡　そうね。それが井上さんの狙いだ。昭和の前半って、日中戦争・太平洋戦争を通して日本人の身体は天皇に預けられていた。実際にはそんなふうに思っていなかったとしても、建前ではそうとされていたから、そうとう身体的にも言語的にも抑圧されていたわけです。その抑圧からどんなふうに脱していくのかということが、戦後の作家や演劇人やアーティストたちの闘いになっていったんです。ぼくの場合はそのことを、織田作や安吾のような無頼派《ぶらいは》の言葉づかいから感じとっていくんだけれども、田中さんは安部公房や井上ひさしの言語共同体のようなもの、左翼的な共同体やコミューンとは別の言語を持ち始めたものに敏感に反応できて、それをずっと読書体験として積み重ねていたんだろうね。

田中　それが「連」「社」「会」「座」「結社」などの重要性に気づいたことと関係あるのではないかと思っています。二〇二四年の一月にヴェネツィア大学でシンポジウムが開催され、私の講演は「長屋コミュニティ」をテーマにしました。一方で物理的な空間としての長屋を示すことはできますが、もう一方で、『浮世風呂』や『浮世床』や落語の言葉がつくった、言葉や好みや価値観の「長屋コミュニティ」がある、という論です。

石牟礼道子の言葉

松岡　言葉の場所としての日本を扱ったものとしてはほかに、島尾敏雄の精神の内側からくる琉球的な言葉づかいとか、深沢七郎の『**楢山節考**《ならやまぶしこう》』（昭和三一年）に出てくる御詠歌《ごえいか》のような、祭文《さいもん》のような言葉づかいにも衝撃を受けたねえ。

でも、なんといっても石牟礼道子ですね。石牟礼さんについては田中さんが『**苦海浄土**』（昭和四四年）と『**椿の海の記**』（昭和五一年）をリストに挙げているので、田中さんから話してもらったほうがいいと思うんだけど、いまの流れで一言だけ加えておくと、石牟礼さんの言葉というのは、もともと、九州の大正炭鉱をめぐって立ち上がった「大正行動隊」や雑誌「サークル村」、つまり谷川雁を中心とするコミューンのなかで育まれましたね。そんななかで水俣病のことを知って、深くかかわっていった。こういう石牟礼道子たちの考え方というのは左翼共同体幻想とは違うんですよ。コミューンではあるんだけれども、初めて読んだときには、ぼくが知っているコミューンというものをはるかに超えていると思った。言葉ひとつで世界を超えるものを石牟礼道子は発見した。それはまさに井上ひさしが『表裏源内』や『道元の冒険』(昭和四六年)や『頭痛肩こり樋口一葉』(昭和五九年)などで言葉の実験を尽くしていったあの手法にも近いものです。安部公房や大江健三郎や三島由紀夫とも明らかに違う手法です。

田中 石牟礼さんが水俣を題材にして書いた『苦海浄土』は全部で三部あるんですが、そのうちの二部と三部がすごくおもしろい。二部は大阪のチッソ株主総会に乗り込んでいくときの話で、三部は一九七一年に東京丸の内のチッソ本社に籠城する話です。その両方とも支援者がいて、そのなかには七〇年代の左翼の青年たちもいる。石牟礼さんは左翼青年たちをかわいいと思いながらも、何か変だなと思っているんです。何が変なのかというと、言葉が違う。石牟礼さんは、その左翼青年たちの言葉を、かつて組合活動にいったん入って帰ってきた人の言葉や、もっと前に戦争に行って帰ってきた人の言葉の違いも例に出しながら、物真似みたいに並べてみせるんです。

松岡 井上ひさしの言語センスに匹敵するね。

田中 石牟礼さんは「自分はとてもこの言葉では付き合えない」と言っているわけですね。たとえば「市民」という言葉。「市民といえば景色のいろが急にうらぶれる」「市民、といえば、たちまぎれもなく近代主義時代に入ってからの概念だから、わが実存の中の先住民たちは、たちまちその質を変えられてしまうのである。まして水俣病の中でいえば、〈市民〉はわたくしの占有領域の中には存在しない」とまで言っています。そこで、「市民」という言葉を「死民」と表現する。「死民とは生きていようと死んでいようと、わが愛怨のまわりにたちあらわれる水俣病結縁のものたちである。ゆえにこのものたちとのえにしは、一蓮托生《いちれんたくしょう》にして絶ちがたい」と。「道行き」という心中を思わせる言葉も使っています。「当時、『団結』とか『連帯』、『自立』という元気のいい言葉が流行っておりました。わたしは何か足らんなあ、なにか情愛において足らんなあと思っておりまして、それで、この人たちと『道行き』を共にするんだと思いきかせましたのです。道行きといいますと、人と人が、どのくらい絆を深めることができるか、見も知らなかった人たちとだんだん相知るようになって、煩悩《ぼんのう》がわいて来てはじめてできることです」と。これは、チッソ東京本社に籠城していたときの心情です。常に人間関係の果てに死というものが据えられていてそれを共有している。生きることを共有する共同体じゃなくて、死を共有する共同体としてのあり方です。

第二部では、大阪の株主総会で、患者とその家族が白い巡礼の装束をして、御詠歌を歌い鈴を鳴らしながら舞台に上がり、並んでいる社長たちに迫るのです。これもまた、死を共有した異形の姿でした。

松岡　あれはまさに深沢七郎の『楢山節考』です。おばあさんを背負って、姥捨山《うばすてやま》に置いて帰ってこなければいけない。その間おばあさんと語っている言葉のなかに、御詠歌のようなものがだんだん入ってくるんです。それと同じように、石牟礼さんの『苦海浄土』も両義的です。苦海と浄土をいっしょくたにしているわけでしょう。そういう死と生をめぐる両義的なものが石牟礼さんや深沢七郎には見えていた。というか、見ざるをえない事態のなかに入っていったんでしょうね。

島尾敏雄にも同じものを感じる。島尾敏雄の場合は奄美《あまみ》に移住して、自分の浮気が原因で錯乱してしまった奥さんと向き合いつづける日々を送ります。奄美は沖縄同様、敗戦によってアメリカに占領されたけれども、沖縄に先んじて返還されたので（昭和二八年）、島尾と奥さんが移住したときにはすでに日本になっていた。でも風土や言語は、まったく本土とは違う。のちに多和田葉子《たわだようこ》がドイツに行って『エクソフォニー』（平成一五年）というエッセイを書いて、外挿された言語と内部にあった日本語が混じって両義的になるということを見せてくれますが、島尾敏雄の作品にもそういうことが強く反映されていた。

昭和は「祈り」と「憧れ」を失った

松岡　ほかにも、ぼくがなぜ有吉佐和子の『**一の糸**』とか大原富枝の『婉《えん》という女』(昭和三五年)とか、ああいう閉じられた社会や、封じ込められた場所の物語に関心をもったのかというと、それは吉本隆明の言う「幻想の共同体」ではなくて、新島とか三里塚と同じ、あるいはアパッチ族の砲兵工廠跡と同じような、特定の出来事に見舞われる場所でつくられた言葉に惹かれたからだと思う。そういう言葉を使って文学するとか思想するというような方法に驚かされた。藤原新也も、結局、そういうことをやりつづけていたね。写真も含めてね。

田中　御詠歌は祈りです。死に向かってゆく人に対して、祈る。あるいは死んだ人たちの魂を自分で背負って、それを生きている人びとに伝える。でも、『楢山節考』のような作品が世の中に出たときに「姥捨山」という言葉だけが広まって、高齢者の問題をどうするか、みたいな話になっていきましたね。

私が実際に高齢者の介護をして思うのは、現在の介護は祈りどころではないということです。高齢者介護の価値観は、死に向き合うことではなく、できるだけ長く生きさせることになりました。生命というだけではなく、社会的な死も避ける。だから排泄、食事、会話等々、実際にはすべて自分ではできなくなっていても、家族、医師、看護師、介護福祉士が介助し、私はいまでも膨大な数の紙オムツやさまざまな洗浄用具を日々買い求めて施設に届けています。介護職員はいろいろな手法を駆使して認知症の進行を遅らせようとするのですが、しかし本人は人生の九〇パーセントを忘却している。私は母を見ながら「それほど遠くない時期に、私もすべてを忘れるのだ」と思うようになった。しかしそうなっても、死に向き合うことは許されないんです。

松岡　田中さんは、しばらく前からお母さんの介護をしながら大学総長の仕事をしてましたね。同じように、昭和というものも、「祈り」を奪われたまま、取り戻すまでにものすごく時間がかかってきたし、いまもまだ取り戻せていないのかもしれない。

田中　本来、文学というのはそういう「祈り」を含むものだった。説経節だろうと浄瑠璃だろうと、そもそもは祈りの言葉でできていたし、文学というのはそういうものであったはずです。でも、その「祈り」が抜けてしまって近代文学になった。それを、いまではごく稀にしか取り戻すことができなくなっている。

たとえば、鈴木忠志の演劇のように日本の身体を取り戻そうとする試みは、結局、長つづきはしなかった。ある期間だけの実験で終わってしまったわけですよね。で、時代はどんどん高齢社会に進んできてしまった。私たちも高齢者になって白髪になって、やがては死んでゆく。そこには心中もなければ「死民」もいなければ、祈りもない。心中と言う場合には必ずそこには祈りがあるんですが、いまの私たちはそういうものを失ったまま生きつづけて、死んでいかなければならないわけです。

松岡　ぼくは、祈りとともに、「憧れ」というものが昭和になかったとずっと思っているんです。本当に憧れたいものを日本人は言うべきであったのに、アメリカのホームドラマの豊かな暮らしとか、「女性自身」の金髪の女性のような、ニセモノの「憧れ」に侵されてきてしまった。心底の憧れが語れなかったということと、祈りをしなかったというのは、昭和日本の大きな欠落だったというふうに思いますし、あらためてふりかえってみると田中さんやぼくの読書遍歴には、そういう欠落をどうやって埋めていくのかという試行錯誤のようなものが滲《にじ》んでいるよね。

田中　石牟礼道子の『**椿の海の記**』も、幼いころの記憶をたどっているように見えるけれど、あれは失われた水俣、失われた日本に対する祈りのような作品です。いま必要なのは意味ありげなものへの憧れではなく、失ったものへの祈りかもしれません。それがあって初めて、何を取り戻さねばならないかが、見えてきます。

梁石日が描いたもの

松岡　田中さんが梁石日《ヤン・ソギル》の『**夜を賭けて**』(平成六年)を挙げているのも、いままで話してきた言葉と共同体の問題につながりますか。

田中　梁石日は友人ですし、ほとんど読んでいます。松岡さんも千夜千冊に取り上げていた『アジア的身体』(平成二年)のなかに、「完全無欠な身体なき身体である天皇制」という言葉が出てきます。ほかにも「そういう天皇制は他の身体を拒絶します」とか、「日本的死生観というのは自死を美化する」とも書いている。天皇制の下では、日本人は天皇という身体のなかに吸収されて、自らの身体を失っていく。そのことをはっきり指摘しています。これは在日韓国朝鮮人だからこそできることで、日本人は誰もそのことを自覚できなかった。では、在日である梁石日はなぜそれが指摘できたのかといえば、日本では在日の人たちは最初から身体が奪われているからです。

松岡　身体が奪われている？　社会から？

田中　そう。社会のなかで。梁石日は『血と骨』(平成一〇年)では自分の暴力的な父親のことを書いていますよね。在日ゆえに特定の職業に就くことができず、自力で蒲鉾《かまぼこ》づくりをやりながら、生き延びるために暴力をふるいつづけるという壮絶な生き方をした父親です。でも息子である梁石日は、暴力によって生きるという生き方はできずに、タクシードライバーになるという道を選ぶ。そのプロセスを作品にしています。

ほかにも、『夜を賭けて』では「アパッチ族」の世界を、『闇の子供たち』(平成一四年)ではタイの幼児売買春や人身売買の話を、『めぐりくる春』(平成二二年)では従軍慰安婦の話を書いている。そういう作品や『アジア的身体』を通して彼は何を書こうとしたのかというと、身体のことだと思うんです。つまり民衆とは身体そのものである、そういう感じ方を自分は失わないぞ、ということですね。それに対して日本人は最初から天皇によって身体性を吸収されてきてしまった。でも在日である自分たちは絶対に吸収されない生き方を選んでいくし、それが自分たちの言葉になっていく。梁石日が選んだ生き方というのは、きっとそれだったのではないかと思います。

一時期、大学の文学の授業のなかで、マイノリティの文学を取り上げる時間をつくっていたとき、在日の文学を学生といっしょに読んでいたんです。そのときにも感じましたが、ほとんどが暴力に満ちた世界のことが描かれているんです。それは親たちの世代の話なんですよね。

松岡　ビートたけしが映画にしたような、ああいう世界ね。ビートたけしは崔《さい》洋一が映画化した《血と骨》で父親役をやっていた。

田中　在日の人たちの書いた物語では、暴力的世界はとくにめずらしくないんです。親の暴力を受けながらも、自分たちはどうやって生きていくのかということを模索して、自分の身体を別の方向に取り戻していく。そういう在日の作家たちが描いた暴力性や身体性と、たとえば中上健次が**『枯木灘』**(昭和五一年)で描いた世界などとはずいぶん違う。

松岡　『枯木灘』も、熊野の小さくて貧しい被差別の土地を舞台にしていて、ある暴力的な男とその一族の複雑な血と憎悪が描かれている。

田中　梁石日の書く在日のコミュニティと、『枯木灘』が書く熊野の被差別の世界とは決定的に違うと思ったのは、『枯木灘』は家族とか血のつながりというものを閉じたものとして描いているんです。登場人物は誰も彼もがきょうだい関係にあって、しかも母親が違うとか父親が違うとか複雑な事情がありながら、どこかで血だけがつながっている。だからあの小説を読んでいると、ものすごく息苦しくなる。

松岡　近親婚とか近親姦をめぐる謎とともに、自殺も起こるし殺人も起こる。

田中　『枯木灘』の舞台となっている場所は「路地」というふうに呼ばれますね。梁石日が書くものにも「路地」はたくさん出てきますが、もっとあっけらかんとしているんです。中上健次のように息苦しくない。それはおそらく家族のとらえ方が違うのです。日本人の家族はまるで天皇家のように、「つづけて行かねばならない」何かを含んでいる。在日の家族は、いまここでこの瞬間に、守り合うしかない家族です。さらに、アジアや世界のなかで自分を見ている。韓国朝鮮の人びとは、中国人と同様、世界中に散らばって生きています。どこでも生きられるのです。

松岡　梁石日が描くものには、ぼくもずっと衝撃を受けてきました。結局、日本人の作家には、ああいう在日の人びとの社会や、被差別の人たちの世界というのは、うまく描けなかったということなのかしら。

田中　そうかもしれませんね。

松岡　さきほど出た崔洋一は、梁石日の自伝的小説『タクシー狂躁曲』(昭和五六年)も映画化していて(《月はどっちに出ている》)、評価されています。この崔洋一が持つものも、在日ならではの表現力だった。

田中　自分の問題として引き受けた人しか描けない。客観的な描き方というのはできないものなんですよ。たとえば梁石日は、娼婦を救う方法は一つしかない、それは体を救うしかないんだ、と書いている。つまり支援とか金銭とか謝罪が大事だという話ではない。重要なのは、具体的な身体の問題だということを経験的に言っているわけです。言われてみればたしかにそうなんだけれども、それがどうして文学になるのかと日本人は思ってしまうわけです。でも、梁石日はもともと、そういう理念的な文学のあり方なんて考えていない。そのために書いているわけじゃないし、別に文学をやらなくてもいいと思いながら生きている。そういう意味での強さがあるんですよ。

松岡　田中さんの「昭和の読み方」がラディカルに躍如した対話になってきたね。フロッタージュされていくような気持ちで堪能できました。おそらくぼくの読み方は編集的で、モンタージュ的なんだと思います。つねに自分に照らしあわせるというような読みではなくて、時代社会の印画紙に次々にさまざまな「解」のゲシュタルトを現像させていくという読み方。そのあたり、少し違うんだけれど、長きにわたって田中さんといろいろ場を共有してきたのは、この二人の読み方のメソッドが心地よく交叉できてきたからだと、あらためて思いました。そのぶん「昭和問答」からはちょっとはみ出していったけどね(笑)。

6

昭和に欠かせない見解

松岡正剛と昭和の書棚

松岡のかつての蔵書は，いまは仕事場の編集工学研究所の書棚に生かされている．写真：Table Ensemble

昭和の闇を読み解く

松岡　もう少し本の話をつづけますが、ぼくは松本清張の昭和史を暴く目に感心をする一方で、清張が『砂の器』(昭和三五年〜)のようにハンセン病を題材にしながら一人の音楽家の栄光と犯罪の二重性を描いたものとか、『黒革の手帖』(昭和五三年〜)のように銀座のホステスの華麗な世界の奥にある欲望とか犯罪を描いたものも、けっこう興味深く読んできたんです。ときにサスペンス映画や劇画のようにね。田中さんは、こういう犯罪ものとか事件ものはどうですか。

田中　私は髙村薫がおもしろかったですね。

松岡　千夜千冊では『新リア王』(平成一七年)にしましたが、田中さんは髙村さんの『**土の記**』(平成二五年〜)をあげていますね。

田中　題名のとおり、一人の男性が土に生きる日々を描いているのですが、視点が入れ替わっていく。「現実に見えるもの」「薄れる記憶」「蘇る記憶」の境目が溶けていって、さまざまな人が意識のなかに出たり入ったり。身体の内部と外部に言葉が出入りします。認知に障害が起こりつつある高齢者の意識の世界ですね。しかし「土」に起きている事態は、ミリ単位まで正確に記述されます。水田と稲穂についての観察と作業は精緻を極めているんです。作品全体に、高齢化した農業、交通事故、寝たきりの連れ合い、地球規模で流動化している子や孫の生き方、新興宗教、借金と夜逃げ、殺人事件、大震災、豪雨と地滑りなど、現代日本の課題が網羅されています。現代の小説なのですが、「集合的な物語」がまるで神話のように立ち現れてくる、そういう新しい方法を、髙村薫はこの作品で発明したと思います。周囲の微細な音やイメージが複雑に交錯して茫洋《ぼうよう》とした世界をつくり上げているところや、自分の考えと人の考えが混じり合うところなど、折口信夫の『**死者の書**』(昭和一四年)によく似ています。

松岡　グリコ・森永事件を題材にした『レディ・ジョーカー』(平成九年)もおもしろかったし、『新リア王』は青森県六ヶ所村の核燃料サイクル施設をめぐる政治と産業界の暗躍を扱った小説です。

田中　『新リア王』も、おもしろかったですね。まさに戦後の昭和日本の政治家の世界なんですが、政治そのものについて書くのではなくて、たとえば砂防会館を出ると車がどんなふうに待機しているかとか、国会議事堂のなかの議場がどんなふうになっているかとか、前のほうに新人議員がいて当選回数が多い議員はその後、一番後ろには長老たちが座っているとか、そういうことをものすごくこと細かに書く。エレベーターに乗って誰と誰と誰に挨拶して、降りると誰と誰に挨拶して、というようなことも全部書かれている。

私はこれを読んで、政治というのはこういう日常の積み重ねなんだということに気がつきました。つまり政治というのは世界について考えることではないし、これからの日本について考えることでもない。席次を気にしながら次の選挙のことを考え、挨拶しつづける。それさえゆるがせにしなければ、政治家の地位は揺るがないんだということを書いてある。これもまさに昭和日本の闇ですよ。自民党政権による五五年体制は幾度か壊れかけたけれど、何かが変わるのかといえば、結局何も変わりませんでした。政党の離合集散によって人脈が再編されるだけ。二〇二四年になって裏金問題で逮捕者が出ていますが、それでも変わるかどうか。二〇年も前の作品ですが、政治家の世界がまったく変わっていないことに驚きます。

髙村薫のそういうものすごくリアルな見方が、とにかくおもしろい。しかもそれが永平寺の修行とほぼ対等に置かれている。主人公は古老の政治家で、その息子が禅僧。その父と子の経験していくことが、ともに「私は」という一人称で書かれていく。時代というものを、この父と子の目を通して描いていくんです。

松岡　青森県六ヶ所村に核燃料サイクル施設をつくることになった経緯も、自民党議員たちの動き、東京電力や電気事業連合会の動き、青森県や六ヶ所村の事情などなど、実際にあった出来事や実名の人物をこれでもかと登場させながら描いていますね。ぼくは東日本大震災が起こった直後から千夜千冊で地震や原発問題に関する本を連続的に取り上げていったんですが、『新リア王』もそのときに紹介しました。

田中　私がとくに身近に感じたのは、青秋林道《せいしゅう》をめぐる経緯です。青森県と秋田県にまたがる白神山地《しらかみ》に林道を通してそこに車を入れる、運送トラックを入れるという話になったことがあって、それは最終的には取りやめになるんですが、そのことも『新リア王』に書いてあるんです。つまり、地方政治と国政との関係を巧みに交叉させている。この青秋林道事件というのは、私がリストにあげている簾内敬司《すのうちけいじ》という人がかかわっていたことなんですね。ちょっと、その話をしてもいいですか。

松岡　田中さんは、簾内さんの本を二冊、『**千年の夜**』(平成元年)、『**涙ぐむ目で踊る**』(平成九年)をあげてますね。

田中　簾内さんは、秋田側で青秋林道の反対運動をしていた方です。青秋林道は昭和六二年に建設凍結が決定されるんですが、その前の昭和六〇年に、簾内さんの奥さんが二人の子どもを連れて海で自殺してしまうんです。簾内さんはそれまで出版社をやっていたんですが、奥さんと子どもが亡くなってつづけていかれなくなって、以降はもの書きとして生きた。そういう方です。私とちょうど同い歳です。

『千年の夜』は小説で、藤田省三が高く評価しました。この本が題材にしているのが、日本の敗戦直前に起こった秋田県の花岡事件です。秋田の鉱山で働かされていた九八六人の中国人労働者が、過酷な労働に耐えかねて逃亡し、そのうち四〇〇人ほどが命を落とすという事件があった。憲兵隊や地元の人たちによって殺されたんですね。小説のなかではこれを朝鮮人労働者という設定にしていて、それを背景にしながらその後の世代、つまり簾内さんや私と同じ世代の人たちが子どもから成人に至るまでのことを書いています。そのかたわらでは事件の生き残りの朝鮮の人たちもひっそりと生きていて、その人たちのことをすごく気にしながら日々を暮らしていくという展開になっています。

『涙ぐむ目で踊る』はその続編として書かれたもので、朝鮮の人が何とか自分で仕事を見つけようとして、ほかの人たちが使わないような共同利用の土地で花を育て始める。それがまるで涙ぐむ目のようになっていくんです。最後に、その場所でほかの友達と三人で鹿踊《ししおど》りを踊る。秋田に伝わる鹿踊りというのは簾内さんにとってとても大事なものだったんですが、長男でなかったために踊らせてもらえなかった。鹿踊りは長男しか踊れないものなんです。それで、簾内さんは小説のなかで鹿踊りのことを書いた。青秋林道を排して白神山地を自分たちで守ったのと同じように、そうやって鹿踊りを守ってきた。けれども、その背後にあるのは鉱山労働で強制労働させられた多くの中国人を殺した歴史なんですね。

松岡　土地の歴史を守ることのなかに、中国人労働者の殺戮という負の歴史を背負っていくことが含まれてしまっているわけですね。鹿踊りについては、民俗学の赤坂憲雄も何度か言及しましたね。

田中　簾内さんが藤田省三と対談した本のなかに、こういうくだりがあります。話が鹿踊りのことになって、藤田省三が「そこには隠れる、顕《あら》われるという構造がありませんか」と簾内さんに聞くんです。簾内さんは驚いて、「その通りです」と答える。鹿踊りでは三人の「鹿」(踊り手)が出てくるんですが、必ず途中でそのなかの一人が隠れるんですね。そのまま残りの踊りが踊られて、あるタイミングで隠れた鹿がもう一度顕われる。そういう隠れたり顕われたりするものをめぐる神話もあるらしい。そんな話を交わしています。凍てついた風土や自然や歴史の背景をもつ土地に、じつは強制労働や集団殺戮の歴史もあったということです。日本中、いろいろな土地にこういう歴史は潜んでいるのではないかと思うんです。

松岡　中世では、特定の職業をもつ賤民たちが集まって暮らす散所《さんじょ》のような場所も各地にあったしね。江戸時代でも清濁を併せ呑んだスポットが各所にあった。沖浦和光《おきうらかずてる》が『日本民衆文化の原郷』(昭和五九年)や『竹の民俗誌』(平成三年)などで、また野間宏との共著の『日本の聖と賤』(昭和六〇年〜)三部作で壮絶にまとめてくれました。

田中 それが近代になっても、資本家と労働者のあいだの搾取の関係とは別に、地域のコミュニティもいっしょになって、迫害や殺人などもしょっちゅう起こしていたわけですね。そういうことは人びとの記憶から忘れ去られたり、記録に残されなかったりするんですが、簾内さんはそういうものを受け止めて書きつづけた。お酒が好きで、昼間はずっと山の仕事をして、夜になるととことん飲んで、とうとう二〇一六年に亡くなってしまいました。

日本の古層を再生した折口

松岡 さっき話に出た鹿踊りの背景にあった「顕《あら》わるるもの・隠るるもの」という見方は、日本というものを読み解くときにも非常に重要です。慈円の『愚管抄《ぐかんしょう》』は「冥」と「顕」の二重構造で日本を読み解きましたが、これもまさに「顕わるるもの・隠るるもの」でしょう。折口信夫の『**死者の書**』も、そういった構造を生かして組み立てられている。

では、いったい日本という国やエディティング・ステートとしての日本は、何を隠して、何を顕わそうとしたのかということです。ぼくはそれを試みに「いないいない・ばあの原理」とも名づけているのですが(笑)、そのしくみを昭和の只中で如実に示したのが折口信夫です。折口は柳田国男を継ぐ民俗学者と思われていますが、むしろ契沖《けいちゅう》や賀茂真淵《かものまぶち》や本居宣長《もとおりのりなが》の方法を昭和に再生した見者《ヴォワイアン》でした。古代者の記憶を再生《リコール》する見者ですね。

古代の記憶を再生するという方法は、プラトンが「マテーシス(学習)はアナムネーシス(想起)である」とした『ティマイオス』や、特定の世界構造に歴史的想起をあてはめていったダンテの『神曲』でも試みられたメソッドでもあるので、世界の読み取り法としてはめずらしくはないけれど、やはりそのときの地域語や国語によって様相が異なってくる。それぞれの時代言語による再生ですからね。折口はそれを『古代研究』(昭和四年〜)や『死者の書』で試みた。『死者の書』では二上山《ふたかみやま》の山麓の当麻《たいま》寺《でら》あたりを再生のトポスとして、その土地に眠っていた者たちが目を覚まして呟《つぶや》きはじめるという光景から入っています。ぼくの「昭和の本の読み方」は、この折口的方法に大きな影響を受けています。

田中　なるほど、よくわかります。松岡さんらしい。

松岡　でも昭和日本も、どこか「隠るるもの」をひた隠しにする歴史を歩んできてしまったのではないかと思います。鹿踊りとか姨捨山とか間引きといった日本の風土風習のなかで「隠されてきたもの」も語られないし、炭鉱労働者や原発労働者、産業廃棄物のようなものは、表の経済社会からは見えないものとして、そこそこ伏せられてきた。なぜ昭和がそんなふうにしてきてしまったのか。こういうことはまだ十分に検討されていないかもしれない。

田中　戦争国家をめざしていた日本にとってそういうものが邪魔だったということは理解できますが、戦後になっても顧みられなかったのはなぜなのか。気になりますね。

松岡　思うに、戦後昭和のなかで日本の古層というものをどう語るかという政治思想や社会思想、歴史思想が生まれなかったことが大きかったのではないか。そこには、国学のような思想、すなわち「日本のおおもと」を考えようとした本居宣長や平田篤胤《あつたね》の国学が忌避されすぎてしまったという事情もあったんだろうね。もちろん、幕末から明治にかけて、国学から廃仏毀釈や国家神道という急進的なものが生まれて日本をおかしくさせていったという歴史が一方にあるし、敗戦後の天皇の人間宣言とともにそういうものを持ち出しにくくなったという背景もあった。それはわからないでもないんですが、ちょっと勇気がなさすぎるよね。

そんなところに丸山眞男が出てきたのかな。丸山眞男は、マルクス主義の政治思想を換骨奪胎しながら、『忠誠と反逆』(発表は昭和三五年)といった著作を通して日本政治思想のなかの「古層」の語り口というものに注目して、国学がいかに歪んでいったのかを言い当てたわけです。しかし存分な議論をしてくれたのかというと、**『日本政治思想史研究』**（昭和二七年）など、どうもそうでもない。もったいないよね。

田中　丸山眞男はマルクス主義に則って、古層というものを完全に否定してしまった。そういう読み方をしてしまった歴史学者や文学者は数多くいます。マルクス主義的に日本の文学を読めば、ぜんぶ否定するしかないですからね。江戸時代のことだって否定するしかないし、ましてや古層なんて認めない。

もちろんきちんと文献を読んで研究はする。でも最初から否定するために研究する。古層についても、日本人がいつまでもそういうものにとらわれているために民主主義が育たなかったんだというような、否定的な位置づけでしかとらえない。そういう学問のあり方は、とてもつまらないな、と私は大学生のころから感じていました。

松岡　丸山の仁斎《じんさい》、徂徠《そらい》、宣長の読み方より、吉川幸次郎の読み方に軍配を上げたい。そんなこともあって、さっきの益田勝実や網野善彦、それから谷川健一、石井進、村井章介といった研究者が出てきたときには、目を瞠《みは》ったものでした。初めて戦後昭和のなかで、日本の古層やそれまでほとんど読み解かれていなかった日本中世の社会構造が生き生きと取り出されるようになった気がした。田中さんは網野さんの本にはいつごろ出会ってたんですか。

田中　ほぼ同時代的に読んでいました。『**無縁・公界・楽**』が出たのが一九七八(昭和五三)年ですから、大学院生時代。ちょうどそのころ、ヨーロッパ中世史のほうでは阿部謹也《きんや》が出てきて、日本中世史のほうには網野さんが出てきた。一九二九年に創刊されたフランスの「アナール」誌がブローデルの出現によって刷新されて、ヨーロッパの中世史を極めて具体的な資料を持ち出して研究するアナール派として、世界に影響を与えるようになりましたよね。このアナール派の動きが、日本の歴史研究にも相当影響を与えたんじゃないかと思います。私もブローデルの読者でした。

文学の読み方については、構造主義がマルクス主義的に判断するのではなく言葉をちゃんと読みましょうねということを言いだした。歴史についてはアナール派がちゃんと資料を読みましょうと言った。両方ともごく当たり前のことを言っているんですが、マルクス主義に席捲《せっけん》されていた学界ではなかなかそうはいかなかった。つまり昭和日本の研究者たちは、生活面ではアメリカ的な価値観を受け入れ、学問のほうではマルクス主義的な価値観を受け入れるということをやっていた。それがいいと思いこんでいた。私が大学に入って最初に気づいたのはそういうことでした。

松岡　ぼくはそういうことにうすうす気づいてはいたけれども、網野さんたちの研究が出てくるまではっきりとは自覚できなかった。とくに、西洋のコミューンとか民主主義ではない、独自の社会や制度が日本にあったのではないかということを網野さんたちが言い出しますよね。天皇や神社仏閣と直接的につながっている「神人《じにん》」「寄人《よりうど》」「供御人《くごにん》」といった人びとのことや、「非人」と呼ばれた被差別者たちが、じつは職能民として独自のネットワークをつくっていたといった、それまでほとんど顧みられることのなかった歴史が、網野さんたちの研究によって浮上していった。ホッとしましたよ。このへんはぼくの読書遍歴のなかでもうれしい陽射しになったところです。

コミューンをめざしたウーマンリブ

松岡　この流れに加えておきますが、初期に構造主義を研究していた上野千鶴子が、最初は『**セクシィ・ギャルの大研究**』（昭和五七年）のような不思議なタイトルでフェミニズムの旗手として登場してきて、あっというまに網野的な日本王権論を担っていきましたね。そういう上野さんの展開の仕方も、ぼくはよくわかるような気がした。

田中　上野さんが専門にしていた社会学の領域の広さがあるからでしょうね。社会学そのものがとても自由度が高い。何をやってもいいというところがある。

松岡　社会論から王権論に踏み込んでいくというのは、なかなかできることじゃないでしょう。それとも、当時のフェミニズムやウーマンリブは、そういう可能性を最初からもっていたのかな。ベティ・フリーダンやケイト・ミレットの「性の政治学」が先行しましたよね。

田中　七〇年代のウーマンリブは、それまでの女性解放運動をいったん脱皮したかたちで出てくるんですね。まさにコミューンを持つんです。ただしそれは最初のころだけで、あっというまに解散してしまいますが、でも男との関係に依らないコミューンをめざすことによって、女性が自分たちだけで生きていかれる可能性というものを考えるようになった。

そのウーマンリブの最初の集会が法政大学で開かれています。この時期にアジアと連帯するための女性の委員会「侵略＝差別と闘うアジア婦人会議」をつくって、自分たちも加害者だという位置づけをした。女性だから被害者なのではなく、自分たちは加害者だという立場に立って、自らの責任をどうやって引き受けられるかという視点を打ち出すんですね。そこがウーマンリブの新しさだった。だからそれ以降のウーマンリブの活動家、フェミニズムの研究者は、王権論についても、つまり権力の問題についても、自分自身も権力を持つ側にいるということをちゃんと含み込んでやれるんです。若桑みどりさんなどもそうでしたね。

松岡　上野さんが『女は世界を救えるか』(昭和六一年)で、「女＝平和主義者」という前提を受け入れる必要はない、旧来の社会や制度が祭りあげた女性原理に女が閉じ込められる理由はないし、それを引き受ける理由もない、と啖呵《たんか》を切っているのには、そういう背景があったんだ。こういうふうに国家にも社会にも経済にも切り込める女性たちがもっと出てきてもいいと思うんですが、その後はあまり出てきていませんね。ウーマンリブの先駆者だった田中美津みたいな元気のいい女性もその後は出てこない。

田中　田中美津はウーマンリブの世界のなかでは今日なお伝説的な人ですね。何が伝説的だったのかというと、その強い言葉です。それまで使われていた言葉と全然違う言葉を使い始めたんです。「便所からの解放」のような汚い言葉をたくさん使って、これが現実なんだということを訴えていった。そうすることによって、多くの女性たちがもっと事実と向き合っていいんだという、そういう当たり前のことに気がついていった。

松岡　むしろアブジェクシオン(おぞましさ)を恐れなくなっていったとも言えますね。日本語の力も感じた。そういう田中美津の言葉の解放というか闘い、あるいはアジア女性と最初から連帯しようといったラディカル・フェミニズムの主張は、その後はどこへ向かったんですか。海外ではジュディス・バトラーやリュス・イリガライといった知的な闘争が次々生まれていきましたが。

田中　残念ながら、どこにもつながらなかったんです。コミューンの消滅とともに消えていってしまった。そこからは学問としてのフェミニズムになっていって、もっぱら学問の世界で展開した。もちろん慰安婦問題とか買売春問題とか、そういった問題に取り組む研究者たちも出てくるんですが、ウーマンリブ運動が持っていた、あのいかがわしさとすれすれのおもしろさは、なくなっていくんですね。

松岡　そうなのか。ぼくとしては、コム・デ・ギャルソンを立ち上げた川久保玲があえて布をズタズタに切ったような服をつくったり、瘤《こぶ》のような結び目を目立たせたり、わざと裏地を見せたりした表現なんかにつながっていったんだと見たいけどね。きっと女性たちに押しつけられてきた衣服からの解放とか、変容といったことを意識したんだろうと思う。あるいは、トリン・ミンハというベトナム生まれの映像作家の表現とか、鈴木いづみの言葉の力とか、マンガ家の岡崎京子のセンスとか、ああいった表現する女性たち、ものをつくる女性たちに、そういうものがつながっていったというふうにも見たい。

なかでも松浦理英子の『**ナチュラル・ウーマン**』は一九八七年(昭和六二年)、昭和の終焉のころの作品でしたよね。性結合中心主義に対する反撃だった。そのあとの『親指Pの修業時代』(平成五年)は画期的でした。女の規定を押しつけられていることにうんざりしているんだよね。それは男も同じことで、当時、伏見《ふしみ》憲明《のりあき》のカミングアウトを筆頭にゲイの表現力も解き放たれ始めたように憶う。

おそらく七〇年代のウーマンリブのほうが異化的な突発で、八〇年代はファッションやポップスやマンガや写真や「おたく」などのサブカルチャーが、がんばったんじゃないかな。八〇年代はまだパソコンの出始めで、当時はファッションや写真などのヴィジュアルが言語力をもったんです。田中さんがリストに挙げた写真家の石内都もそうだよね。

田中　ええ、石内さんの『**ひろしま**』(平成二〇年)は、原爆で亡くなった女性たちが身につけていた衣服や遺品ばかりを撮影したものです。この写真集をリストにあげた背景をちょっと説明させてください。

私が布に関する研究をやっていたとき、『襤褸《らんる》達の遍歴』(昭和六二年)という書物があるのを知ったのです。しかし一般には売っていなかったので、国会図書館で見ました。小さな布切れの実物が四〇〇点も貼りつけられた限定本でした。きわめて貴重な本ですから、のちに法政大学図書館にも入れました。著者は北九州で襤褸(古布)を集めていらした堀切辰一さんです。その方は会員を集めて襤褸を配って、襤褸布を貼るノートづくりも広めていた。そうやって、襤褸を知る人を増やしていた。その方はすでに亡くなってしまったのですが、そのなかには、衣服として使われていた布だけじゃなく、腰巻とか生理帯も入っている。赤ん坊をくるんだ布も入っていて、戦争中に乳飲み子を抱えて朝鮮から帰って来たときの布だ、という話などもいっしょに収められている。私も布貼りノートづくりの運動に加わり、使い古された布を通して一人ひとりの女性たちの体験や生き方まで見えてくることを知りました。

石内さんは、まさにそれをやったんですね。あの『ひろしま』のコレクションを見たときに、それを実際に身につけていた人たちの体温や匂い、感触までもが甦ってくるような気がした。ついさっきまで生きていた人たちの体温のように感じられた。きっと石内さんも、それらのものを通して同じことを感じ、見ていたんじゃないかと思えた。だとすれば、石内さんの写真はたんなる表現ではなく、つまり自分の表現ではなく、被爆した女性たちとつながっているということです。死んだ人と生きている人がそうやってつながっていく、そういう表現のあり方を見つけたのだろうと思ったんです。

松岡　石内さんはフリーダ・カーロの遺品なども撮っていますね。伊藤比呂美が文章を寄せた『手・足・肉・体』(平成七年)や『キズアト』(平成一七年)も切々としていました。さきほどトリン・ミンハのことをふれましたが、女性たちの写真力や映像力は読みごたえがあった。岩根愛は亡き父のルーツを辿りながら各地の祭礼を撮ったり、鈴木麻弓は自身の子宮検診や不妊治療の体験を写真にしてましたね。「男の昭和」はこのへんからも瓦解していったのかもしれない。

ハードボイルドとニヒルの系譜

田中　ところで今回の対談のために、松岡さんが構成編集された『昭和の作家力』(千夜千冊エディション)にも目を通してみたんです。そのなかに「ヒーロー・悪・復讐」という章があってすごくおもしろかったので、そこに紹介されていた大藪春彦の『野獣死すべし』(単行本昭和三三年)という本を手に入れて読んでみました。

松岡　大藪春彦を田中さんが！　それは意外。「男の昭和」の代表のひとつだけどね。

田中　すごくおもしろかった。これはきっと映画なんかで見るより、絶対読んだほうがおもしろいものだと思いました。

松岡　実際にも『野獣死すべし』は松田優作主演で映画になっているし(昭和五五年公開)、優作はぼくも大好きな俳優ですが、でも原作のおもしろさはぜんぜん伝わらない。

田中　映像だと、事件がどんなふうに起こって、その結果がどうなったのか、ということしか見せられないでしょう。でも大藪春彦がおもしろいのは、そこにいたるプロセスの描き方なんです。たとえば銃をどういうふうに組み立てるとか、そこに至るまでにどこで何を手に入れるとか、何時何分にはどうするとか、そういう描写の積み重ねがものすごく細かい。

松岡　大藪春彦はガンマニアでカーマニアです。だから主人公が車に乗ってからイグニッション・キーを入れるまでの手つきとか、背もたれの角度をどれくらいに調節するとか、スピード・メーターをどんなふうに見たかとか、アイドリング音がどんなふうに聴こえたかとか、そういうことを細かく記述する。殺人のシーンなんかは、あっというまに終わっちゃうのに(笑)。

田中　主人公はハルビンに生まれて戦争を体験して、日本に帰ってきても何をやっていいのかわからなくなっている。エリートにもなれるのに、エリートとしていい生活をするということに目的も希望も見出せない。これはまさに昭和の文学、戦後ニヒリズムの究極だなと思った。松岡さんは、大藪春彦のコンセプトを「復讐」というふうに書いていましたが、そうだとしたら、これは三島由紀夫にも通じるものがあると思った。つまり、三島の文学というのも、結局ニヒリズムじゃないか。

松岡　だから三島はもっとそこを文学してもよかったんです。輪廻転生なんかに行かないで

（笑）。

田中　でも松岡さんは三島の『**豊饒の海**』（昭和四〇年～）をリストにちゃんとあげている。

松岡　前回の田中さんとの対話で、これはこれで昭和の問題作だと再認識したのでね（笑）。

田中　結局、『豊饒の海』で輪廻転生に行ってしまった三島は、ニヒリズムを徹底できなかったんじゃないかしら。「意味づけ」「権威づけ」の欲望が強いのでしょうね。その点、大藪春彦のほうがはるかに、ニヒリズムを通している。そこがおもしろいと思った。ニヒリズムの一つの側面、あるいは復讐の一つの側面というのは恐怖だと思うんです。戦争中にものすごい恐怖を体験しながら、その恐怖こそが生きているという実感をもたらすということも知ってしまった。こういう人物が戦後社会を生きようとしても、戦争中に経験したような、自分が生きているという実感が持てないわけです。ついには自分が生きているのか死んでいるのかもわからなくなる。こういう感覚は、戦争のなかを生きた日本人の多くが持ったものではないかと思うんですね。

松岡　ぼくたちの世代でもなかなかわからない感覚かもしれない。

田中　戦争を体験した人でなければわからない何かがあって、そのなかに生まれてくるニヒリズムというのは、やっぱり昭和独特のものなんじゃないかという気がします。

松岡　ただ、戦争を体験した日本人、とくに戦場を経験した日本人がそのことを書くと、ふつうは大岡昇平のように地獄のような経験のディテールを書くとか、竹山道雄の『ビルマの竪琴』(昭和二二年)のようにアジア社会に溶け込みながらも孤立していく兵士を描くとか、そういうふうになりがちなんです。ニヒリズムのほうに行くのはむしろ、勝利した連合軍側、フランスとかアメリカ側なんですよ。『裸者と死者』(一九四八年原書刊)のノーマン・メイラーとかね。それがハードボイルド小説を生み出したり、ベルイマンの映画やアラン・ドロンのノワール映画を生んだりする。

田中　なるほど。戦争に負けたからニヒルになるというわけではない。

松岡　レイモンド・チャンドラーに始まったアメリカのハードボイルド文学やフランスのフィルムノワールの特徴というのは、徹底してクールでニヒルで、短文を連打するのだけれど、やっぱりものすごく描写が細かい。コートの襟《えり》の立て方とか、バーでマティーニがどんなふうに注がれたとか、濡れたアスファルトの上を走る車のタイヤの音とか、そういうことを描く。短文がショットガンみたいなんですね。そうして、復讐のシーンはあっというまに終わる(笑)。大藪春彦がやろうとしたのは、まさにそれなんですよ。ようするにハンフリー・ボガートやジャン・ギャバンやアラン・ドロンが見せたもので、それまでの日本にはなかったものです。大薮春彦は早稲田の学生だったころにそういうものを書いてしまった。

日本のニヒルと時代小説

田中　私はこの『野獣死すべし』しか読んでいないんですが、ほかの作品も同じようにおもしろいですか。

松岡　『蘇る金狼』(昭和三九年)とか『汚れた英雄』(昭和四三年〜)とかもおもしろいよ。どの作品でも共通しているのが、主人公は一匹狼だということ。ソリストのニヒルというのは、日本がなかなか生み出しえなかったキャラクターです。だって戦争でみんなやられてしまったから、一匹で闘い抜くなんてキャラクターは描きようがなかった。

ぼくは日本文学最高のニヒルといえば、中里介山《かいざん》の『大菩薩峠』だと思っている。『大菩薩峠』は連載開始が大正二年で、その後三〇年近くつづいてとうとう未完で終わってしまったとんでもない小説なんですが、その冒頭で机竜之介《つくえりゅうのすけ》が老いた巡礼を理由もなく切り捨てる。それ以降も、徹底して無用な殺生をくりかえす。そういう日本のニヒルの先駆であって極みのような男の物語が大正時代には生まれているんですが、それ以降目立ったものといえば、柴田錬三郎の『眠狂四郎《ねむりきょうしろう》』シリーズ（連載昭和三一年〜）や、さいとう・たかをの劇画『無用ノ介』（連載昭和四二年〜）くらい。その次が大藪春彦なんじゃないかな。

田中　一匹狼ではないですが、白土三平の『カムイ伝』（連載昭和三九年〜）に込められているものも、非常に深いニヒリズムです。最後は逃げつづけるしかない、闘いつづけるしかないとなるわけだから。

松岡　そうでした。しかも『カムイ伝』も、肥料のつくり方とか革のなめし方とか凧のつくり方とか、やたらに技術を詳しく描く。

田中　『カムイ伝』のように社会や階層を描いたニヒリズムの系譜というのも、すごく大事です。

松岡　田中さんが大佛《おさらぎ》次郎の『**由比正雪**』（昭和四年〜）を挙げているのはなぜですか。じつはぼくもこの本、好きなんです。だからぜひ聞きたい。

田中　由井正雪を主人公にした時代小説で、島原・天草一揆から話を始めてますよね。由井正雪がそこにいたという設定なんですね。そういう噂があったのは確かですが、歴史学では史実とは認めていない。でもこれはとても説得力のある設定で、島原・天草一揆で立ち上がった人びとが感じていたことと、この時代の浪人たちが江戸や大坂で感じていたことは、じつはすごくよく似ていたんじゃないか。そう思えるんです。物語では由井正雪は島原・天草で失敗して逃げ出してしまい一揆は崩壊してしまうわけですが、そういう背景があったうえでもう一度それを江戸で起こそうとしたという筋書きになっている。そのほかにも、たくさんの登場人物が描かれていてそれぞれがいろんな関係性をもって交叉する。それがとても丁寧に描かれているところもいいのよね。

松岡　大佛次郎は『鞍馬天狗』シリーズ（大正一三年〜）が人気でしたが、フランスでユダヤ人将校がスパイとして疑われた「ドレフュス事件」に関心をもってノンフィクションも書いています。ああいう複雑な事態や事件を読み解くノンフィクショナルな才能があったんでしょうね。最後に『天皇の世紀』という小説を「朝日新聞」で一〇年近く連載しつづけて（昭和四二年〜）、これは未完で終わってますが、黒船来航に始まる幕末維新の時代を、膨大な資料をもとにつぶさに描いた労作でした。『赤穂浪士』（昭和三年〜）も忘れ難い。NHK大河ドラマの二作目になったものです。大佛次郎は忘れてはならない昭和の作家です。もっともっとこれから語られるべきだと思う。ぼくには地唄舞の武原はんをずっと応援していたことも忘れられない。

田中　大佛次郎は「赤穂浪士」という言葉そのものを発明しているんです。それまでは「赤穂の義士」とか「忠臣」とか呼ばれてたんですが、大佛次郎はあえて「ただの浪人である」という意味を込めて「赤穂浪士」とした。由井正雪もそうなんですが、この「ただの浪人である」ということがすごく大事で、だからこそ革命の出発点になるわけです。

松岡　ぼくは千夜千冊では『冬の紳士』(昭和二六年)という短篇を取り上げて、「熾火《おきび》の文学」というふうに紹介しました。灰のなかにすっかり埋もれた炭が、煙も炎もたてず真っ赤な火を内側に抱いている、そんな熾火のような男を書くのがじつにうまい。『冬の紳士』はあるバーに冬になるとやってくる、そういう男のことを描いた話です。

　時代小説というふうにひとくくりにしたいわけじゃないんだけど、もう一人、時代物を多く書いた作家としてぼくが大好きなのが山本周五郎です。山本周五郎は、ストーリー、スタイル、作家としての姿勢を含めてピカイチじゃないかと思うくらいに好きなんだなあ。最近になって藤沢周平が人気で、作品が次々映画化されたりしていますが、山本周五郎に比べれば、ぜんぜんですよ。巨人と子どもみたいなもの(笑)。もちろん藤沢周平も読ませるけれど、山本周五郎には、歴史のなかで評価されなかったものについて、完全に引き取って描き切るというところがあるでしょう。あれがすごい。リストでは『**虚空遍歴**』(昭和三六年〜)を挙げました。それからやっぱり『樅《もみ》ノ木は残った』(昭和三三年)は、ぜひとも挙げておきたい。

田中　『虚空遍歴』は、読んでいると苦しくなるのですが、私も好きです。

松岡　中藤冲也《ちゅうや》という江戸で大当たりした端唄《はうた》の名人が、本格的な浄瑠璃をつくろうとして遍歴しつづけるという物語です。江戸から東海道を下って、京都、近江、金沢をめぐって、その途中で色街の女性と出会ったりもするんですが、身はどんどん落ちぶれていく。けれどもそうなればなるほど、冲也がどれほどすごい才能の持ち主だったのかが時間差で伝わってくる。そういう芸道を求める姿を書いたものです。

あと、どうしてもあげておきたいのが水上勉ですかね。水上勉は、ぼくの母が好んでよく読んでいた。千夜千冊では『五番町夕霧楼』(昭和三八年)を挙げましたが、『湖《うみ》の琴』(昭和四一年)とか『越前竹人形』(昭和三八年)とか『越後つついし親不知』(昭和三八年)なども大好きですね。良寛や一休について書いた歴史小説もうまい。人のなかの夕暮れや闇を描いていた。

石川淳と中村真一郎の読み方

松岡　さて、昭和最後の大作でなかなか評価がままならないけれども、田中優子にとっては看過できないだろう石川淳の『**狂風記**』(昭和四六年)にそろそろいきましょうか。これがたいへんむずかしい作品で、どう評価するかはわれわれの沽券《こけん》にもかかわるようなものなんですが、どうですか。一方では失敗作だとも言われていましたね。

田中　何かを読むときに、それが時代の傑作かどうかというふうには読まないので、そのへんはわかりません。

松岡　失礼しました（笑）。

田中　石川淳が書いてきたプロセスのなかでどう読むかということしか、私はしてこなかったので。それはどういうことかというと、作家の身体というのは日常のなかにあって、それが作品のなかにもあらわれているものだと思うんですが、それと同時に作家は日常を生きながら、言葉によって頭のなかにでき上がる別の世界にいるとも思うんです。この両方をやりながら書くというのはとても大変なことですが、石川淳は『**普賢**《ふげん》』（昭和一一年）でまずそれを試みた。

『普賢』は一人称で書かれた小説です。私小説ではないけれど、かぎりなく私小説っぽい。世間のなかで生きている現実の自分がいて、その自分はクリスチーヌ・ド・ピザン（ヴェネツィア出身でフランスで活躍した中世の詩人）の伝記を書いている。つまり、作品のなかで作品を書いている。そこに普賢とか文殊《もんじゅ》とか寒山拾得《かんざんじっとく》のこと、あるいはほかのいろいろな作家たちも出入りしていくんですが、身体は日常生活を送っていて、同時に頭のなかには別な世界が展開している。最後には、日常のなかで薬漬けになっていって滅んでいく友人（自分の分身）を描いて、「普賢は言葉だった」という一行で閉じています。日常の世界のなかに自分たちのどうしようもない身体があるのだとしても、言葉によって自分は自由を獲得していく、そういう決断をするしかない、ということを、実際にやってみせた作品なんですね。

そのあと『マルスの歌』(昭和一三年)という短篇を発表しますが、これは発禁処分にあう。それをきっかけに石川淳は江戸に〝留学〟してしまう。つまり、江戸文学に浸るわけです。そうして戦後すぐに『焼跡のイエス』(昭和二一年)を出す。「焼跡のイエス」というのは、主人公が闇市で出会ったボロとウミのかたまりのような少年のことです。そのボロとウミのかたまりからしか、つまりそこまで追い詰められたところからしか再出発はないんだということを書いた小説です。決してただの反戦小説なんかじゃない。

松岡　田中さんは、リストのなかに『普賢』『狂風記』とともに『**天馬賦**』(昭和四四年)をあげているよね。一言、説明してください。

田中　『天馬賦』は学生運動について書いたものです。この作品では、集団行動をとったらおしまいだ、と言っている。それは、どんな政治的な動きであろうと、宗教であっても同じだと言うんですね。キリスト教団を否定する運動を研究している人を主人公にしながら、そういう集団がまさにコミューン的に固まっていくことの危険を取り上げています。

こんなふうに、『普賢』や『焼跡のイエス』から『天馬賦』を経て『狂風記』にいたるまで、何度も追い詰められたり、ボロとウミの世界に落ちていったりということをくりかえしながら、どうやって自由を手に入れるのかということをやりつづけるわけです。では、石川淳が求めつづけたその自由とは何なのか。そう考えたときに私は、たぶん『狂風記』的なものを最初から持っていたんじゃないかと思ったんですね。

『普賢』と『狂風記』は世界がとてもよく似ていて、たとえば現代と古代の両方、正確にいうと古代と江戸時代末期という二つの時間軸のなかで、ある種の怨念がくりかえされていって、それを同時に見ている。それから地上と地下という二つの世界の対比もあって、地下の世界では死んでいくものがどんどん積み重なっていく。そういうものが何度も語られるわけです。だから主人公は「葬儀屋」なんです。それを拠点にしながら地下を想定する。それはイザナミがいる地下世界、つまり屍《しかばね》がある死の世界であって、それとともに歴史の世界、記録に残されている過去の世界でもある。

そういう地下世界と、今自分が生きている世界とを同時に存在させるにはどうしたらいいのか。そういうことを石川淳は試みているんですが、でもそれはすでにずうっとやっていたことなんです。『狂風記』は、その集大成をしたものだと思うんですね。

松岡　文章を書きながら、いくつもの世界を同時に生きる。そういう作家はほかにもいろいろいるけれど、なかでも石川淳はそれをやりつづけたね。

田中　そういう同時的な書き方というのは、たとえば中村真一郎の『**頼山陽とその時代**』(昭和四六年)なんかにもみられるんです。中村さんの本では、私は『頼山陽』と『蠣崎波響《かきざきはきょう》の生涯』(平成元年)と『木村蒹葭堂《けんかどう》のサロン』(平成一二年)、この三冊を重点的に読みましたが、このなかでは『頼山陽』が最も多くの人たちを同時に入れて書いてますね。こんなにたくさん入れて大丈夫だろうかと思うくらい次々と人が出てくる。「参加の文学者のドラマ」と自分で名づけているくらいです。

なぜそういうふうにしたのかというと、じつは中村さん自身が頼山陽と同じ病気、神経症性の病いにかかっていたんです。この病気にかかった人間はどういうふうに行動するかという私的な動機から関心を持って書き始めるわけですね。でも現実のなかでそれを書こうとしていくと、ほかの人間がどんどんかかわってきてしまう。そういうプロセスを体験して、これが江戸文化だ、江戸の思想家もこうだったんだということがわかるわけです。つまり、文化や思想というのは関係のなかから生まれてくる、単なる知り合い同士ということではなくて、こういう本をいっしょに読んでいたとか、こんなふうにして介入したり干渉したりしてきたといった具体的なやりとりのなかで成り立っていく。中村さんの『頼山陽とその時代』はそういうあり様がよくわかるような書き方をしているんです。

松岡　『頼山陽』には圧倒されましたねえ。ぼくは高校三年の五月ごろから親友の提案で頼山陽の『日本外史』の共読をした。そしてそれがぼくの日本観のひとつのフォーマットになったところがあるんだけれど、頼山陽の同時代の交流やネットワークのことは知らなかったんです。それが高橋博巳さんの『京都藝苑のネットワーク』(昭和六三年)あたりから少し目が開いて、中村真一郎の『頼山陽』と『蒹葭堂』で文人ネットワークの渦中に放り込まれました。目くるめくものでした。

じつは敗戦直後の加藤周一・中村・福永武彦らのマチネ・ポエティックの活動や、中村さんの王朝文学ふうロマンチックな作品には、どこか加担できないものを感じてたんですが、夫人の自殺に遭遇して、中村さんは心の傷の回復のために漢詩や漢文を味読しながら、近世日本の漢風文人に向かっていかれた。それが凄かった。頼山陽はこのときクローズアップされた。それからのぼくは中村真一郎ファンでした。そういえば田中さんの『江戸の想像力』を最初に絶賛したのは中村さんだったよね。

田中　ええ、そうでした。『江戸の想像力』は最初、朝日新聞の書評で中沢新一さんが評価してくれたのですが、その後賛否両論出ました。否定論は一言で言うと「生意気な書き方をしている」みたいなもので、あまり参考になりませんでした（笑）。江戸時代を書くだけで「ナショナリズムだ」と言う人もいたし、「明るい」という語彙は一度も使っていないのに「江戸時代を明るい時代だと言っている」と非難する人もいましたね。そのなかで中村さんは「とにかくおもしろい」と、書いてくれた。その評価が一番嬉しかったですね、なぜなら、私自身が江戸時代を「おもしろい！」と思いながら書いていたからです。

松岡　ではまた石川淳に話を戻しますが、石川文学には戯作性があるけれど、パロディ精神はあったのかということを、ちょっと伺っておきたい。たとえば筒井康隆の『虚構船団』（昭和五九年）みたいなああいうパロディのセンスというか、もうちょっと言えば、フランソワ・ラブレーの『ガルガンチュアとパンタグリュエル』みたいな、それから漱石が憧れたようなロレンス・スターンみたいな、ああいうパロディは石川淳は意識していたのかな。

田中　パロディはないですね。そういう「笑い」はない。

松岡　石川淳の作品で狂乱が起こっているときは、冷めて起こっているわけですね。だとすると、そっちが本来の才能だったんだ。

田中　才能というより、方法の発見があったのだと思います。それはフランス文学と通じている。使った材料は昭和日本の現実です。昭和一〇年に小説を書き始めて、昭和六二年に亡くなってるから、まさに昭和だけを生きて書いた人と言えますね。

松岡　田中さんはずっと石川淳をミラーリングする田中優子であろうとしてきたでしょう。石川淳をこれだけ引きとれる人は、なかなかいない。山東京伝《さんとうきょうでん》を読める日本人が少ないのと同じように、なかなかいない。ところが、世の中では石川淳についての評価は深まっていません。どうしてなのか。田中さんから見て、これはいいなと思える評論はありますか。

田中　二〇一九年に石川淳についてのシンポジウムが開催されて、私も出演しました。それをまとめた『最後の文人　石川淳の世界』(二〇二一年)というタイトルの本が集英社新書から出ています。だから石川淳を専門にしている近代文学者は、いないわけではない。評伝は野口武彦がずいぶん前に書いています(『江戸がからになる日　石川淳論』昭和六三年)。ただ、今も語りながら思ったんですが、石川淳ってものすごく語りにくいですね。文章では書けるし、いままでも書いてきましたが、どうしても語りにくい。

松岡　ぼくも『狂風記』を取り上げようとしたときに、苦労しました。入口は書けるんだけれども、出口が書けなくなる。石川淳が粋すぎるからじゃないかな。

田中　というか、ストーリーとして取り出しにくいんです。

松岡　そこが粋なんだよ。やつしじゃなくて、粋。九鬼周造もそうで、九鬼のことを語ろうとすると、たいていうまくいかない。**『「いき」の構造』**（昭和五年）だって、あんなに誰もが知っている本なのに、あんがい語りにくい。それから、「受け身もやらぬ苦界《くがい》」の感覚、苦界に落ちた者こそ粋になるという、この関係がうまく語りにくいんですよ。でも、今日、ずっと田中さんとぼくが交わしてきた本は、ぜんぶそういう「語りにくさ」をもっているような気もする。だいたい「隠るるもの」と「顕わるるもの」との関係を問題にしている本ですからね。

田中　松岡さんはそこを「粋」と言うけれど、私はもう少しアクチュアルなような気がする。

松岡　「粋《すい》な奴っちゃなあ」という感じだけどもね。そのへんはあとで話しましょう。

田中　はい、はい。

島田雅彦の自由について

松岡　さて、ちょうど石川淳の死とともに昭和が終わるわけですが、ついでに言うと昭和六四年が一九八九年で、そこで八〇年代も終わるんですが、せっかくなので、そこから先の平成・令和につながっていくところも少し見ておきましょうか。

文学に関していえば、平成五年（一九九三年）の芥川賞が多和田葉子の『犬婿入り』でしたね。早稲田のロシア文学科出身で、ハンブルクの書籍取次店で仕事をしてドイツの永住権をとられて、その後は「エクソフォニー」（母語の外に出ること）という視点から大胆な作品を連打された。九〇年代は奥泉光《おくいずみひかる》、川上弘美、平野啓一郎らとつづいて、二〇〇〇年代の最初の芥川賞がパンクロッカーだった町田康《こう》の『きれぎれ』だった。ぼくは町田町蔵のころからの町田君のファンですが、このころから日本文学は文芸の枠を自在に破り始めます。芥川賞作家ばかり挙げるのは片寄るけれど、それ以降は金原ひとみ、阿部和重、中村文則、川上未映子《みえこ》でしょう。阿部の『インディヴィジュアル・プロジェクション』(平成九年)や『シンセミア』(平成一五年)なんか、そうとうに斬新で鋭い。阿部和重は中学時代にデヴィッド・ボウイにガーンとやられて、最初は映画シナリオを書こうとしていたはずで、その試作はタルコフスキーの《ストーカー》、キューブリックの《時計じかけのオレンジ》、フェリーニの《8 1／2》をミックスしたようなものだと、どこかで紹介されていた。

そういう具合で、平成になってからの作家たちは昭和の純文学の系譜とつながるものじゃないんですね。もっとメディア的でSF的で、映像作品やファッション・アイテムやポップスの実験と皮膚的に交叉しているし、マンガやゲームのサブカル性をも刺青のように縫い取っているんですね。

だったらそれらは「昭和」を否定しているのかというと、そうではなくて、借りものの昭和文化の飛沫《ひまつ》としてしか扱われなかった出来事や感覚的事態を、いま挙げたような書き手が次々に俎上《そじょう》にのっけていったということです。ということは、昭和文化だってむしろその感覚で語りなおしてもいいんじゃないかということになる。それも文学的に解釈を変更するのではなく、たとえば黒澤明や溝口健二や小津安二郎の映画感覚を、その黒澤映画の音楽を引き受けた早坂文雄や、《ゴジラ》を制作した円谷《つぶらや》プロやその作曲をした伊福部昭《いふくべあきら》の音楽感覚を、前面に持ち出してみてもいいということです。敗戦日本や占領後の昭和社会を、思い切って映画制作史や音楽制作史から見てもいいということです。もっとわかりやすくいえば、《夢であいましょう》や《シャボン玉ホリデー》や《夜のヒットスタジオ》で昭和の特色を突き出してもかまわない、三宅一生、コム・デ・ギャルソン、山本耀司で昭和を代表させる視点を研ぎすましてもいいということになる。

さらに、あえて女性の作家を持ち出しますが、どうも萩尾望都《はぎおもと》の漫画のほうがすごいんじゃないか、あるいは吉本ばななや江國香織《えくにかおり》のほうがいいんじゃないか、あるいは中島みゆきの歌のほうがいいんじゃないかということにもなる。平成・令和時代は、文学がメディアミックス的にどんどん変移していった感じがしてます。田中さんはいかがですか。

田中　もはや「文学」の概念が変わっていいんだと思います。まったく私たちが文学だとは思えないようなものが出てきてもかまわないわけですし、それが言葉だけではなくほかのものと組み合わさっていてもいい。

松岡　そういう点では、少し時代が前に戻りますが、田中さんがリストにあげてくれた島田雅彦のような作家たちが、そのドアを果敢に開けようとしましたね。

田中　私は石川淳と島田雅彦はどこかで交叉するところがあると思っているんです。さっき『焼跡のイエス』の話で触れたような、革命の原点とか核みたいなものがどこにあるのかということを、ずっと島田雅彦も探しているような感じがする。さらに言うと、石川淳は絶対自由ということを言いつづけました。絶対自由というのは何なのかというと、戦争とか国家のような強大なものが邪魔してくるけれども、それでも自分が自分に強《し》いるものがある。たとえば朝起きたときから何をするかという、ものすごく具体的なことなんですが、石川淳にとっては、それは「書く」ということである。言葉によって外に出しつづけることを「精神の運動」と呼んで、いろんなことが起こっている社会のなかでそれをずっと継続していくことを自分に強いていると言います。そしてそれを可能にする時間が自由という時間であるという。同じように、島田雅彦という人もやはり、いろいろなことが起こっている日本のなかで書きつづけるということを自分に強いているという感じがするんですね。

松岡 学生時代に書いた『優しいサヨクのための嬉遊曲』(昭和五八年)からしてそうだった。そのデビュー作がいきなり芥川賞候補になった。

田中 芥川賞候補になった回数は一番多いそうですが、同時に落ちた回数も一番多い作家だと自分で言っているわね(笑)。そういうふうに自分のことを笑いながら、『徒然王子』(平成二〇~二一年)のような作品も書いている。これはある架空の時代の話なんですが、じつはそこに縄文時代も中世も江戸時代も現代も全部入れ込んだ設定になっているんですね。釈迦の前世の物語『ジャータカ』とかダンテの『神曲』まで入れてしまっている。そういうふうに同時にあらわれるいくつもの世界のなかで、いったい何が見えてくるのかということを追求しつづけるということをやっている。そういうところが石川淳にも通じると思うんですね。『**悪貨**』(平成二二年)もすごくおもしろかった。

松岡 『悪貨』はぼくも千夜千冊で取り上げました。偽札をめぐる話だけど、アンドレ・ジッドとはかなり違っている。

田中 革命を起こそうとして偽札をつくるんだけれども、それは結果的に完全に利用されてしまうので、何かの解決策とか突破口にはならない。彼の作品はつねにそういうもので、だから結末がない。主人公が意図したことも常に裏切られていって、どうにもならなくなっておしまいになる。でもそれがものすごくリアルなんですね。革命というのは結局そういうものなんだと思わせる。でも、それじゃ何もやらなくていいのかと言うと、『悪貨』を読んでいるときには偽札というこのやり方はとてもおもしろいじゃないかと思ってしまう。たとえ社会は変えられなくても、それをやるプロセスがあまりにもおもしろいから。これこそまさに作家にとっての自由な想像であって、頭のなかで何を考えても作家なんだからいいんだ、そのことについて批判される覚えはないとも彼は言ってますね。

『パンとサーカス』(連載令和二年〜)もそうです。大藪春彦の小説みたいに、主人公が次々と暗殺に手を染めていくんですが、それによって社会が変わるのかというと、何も変わらない。それでもそのような作品をやっぱり書かずにはいられないんだという、そういう書き方をするんです。たとえ犯罪小説を書いたとしても、それは現実世界のなかで罪を犯すこととは全然違う。それでも、自分にとっての自由とは何かということを、ものを書くことによってあらわしていく。「書く」という行為をそういうものだと考えているということが、石川淳ととてもよく似ていると思いますね。

松岡 ぼくは、島田君は昭和の先輩たちが残した残し方に文句をつけているという感じがするんだよね。お前たちが残してくれたものは、オレが育った多摩川べりの新興住宅地から遊園地を眺めているような、ああいう郊外の生活でしかないじゃないか、というようなことをずっと突きつけているような気がする。いったいあんたたちの言っていた革命はどの程度のものだったのか。だったらオレはそれをもっと別のものにして書くぞという思いもあるんでしょう。もう一つは、島田君はオペラにも非常に詳しくて、三枝成彰《さえぐさしげあき》に頼まれて『忠臣蔵』のオペラ台本を書いたりしていますね。そんなこともあって、どうも島田雅彦って、書くという行為自体を演奏しているという感じがする。石川淳にも、そういうところがあると思う。

田中 ああ、そうですね。

松岡 内容もおもしろいんですが、いろいろな同時性を書くというのも、まさにそれを演奏しているんじゃないかと思う。しかもそれをあの風貌でやるもんだから、ちょっと渋いよね。

田中 いままで挙げてきた作家たちは誰も競争のなかで書いているわけじゃないし、ヨーロッパ文学やアメリカ文学の影響の下でやろうともしていないし、何か傑作を残さなければというふうにもしていない。この『昭和問答』の最初に、なぜ競争から降りられないのか、自立とは何かという大問題を掲げておきましたが、そういう作家たちのあり方は、やっぱり人間にとっての自立、自由とはどういうものなのかを示してくれているんじゃないかと思いますね。中村真一郎がまさにそういうことを書いています。一人の自立とか自由というものは関係のなかでしか存在しないし、そういう関係を描かない限りは自由も何もないわけです。

松岡　リストに挙げながらまだ触れていない本もありますが、ちょうどこの「昭和問答」に入るときに田中さんが挙げた「競争」「自立」「自由」というキーワードが出てきたので、このあたりで「昭和問答」自体を締めくくっていきましょうか。

全知全能の神と天皇

松岡　ここまで、近代から昭和にかけて日本がいったい何をまちがってしまったのかを交わし、戦後については二人の生い立ちとともに、それぞれが勧める本を持ち出しあって、昭和を解く切り口をいろいろと探ってきました。

でも、冒頭で田中さんが掲げた「**私たちはなぜ競争から降りられないのか?**」「**国にとっての独立・自立とは何か**」「**人間にとっての自立とは何か**」という問いについては、まだほとんど答えられていません。これはやっぱり難問中の難問です。

田中 締め括る前にひとつだけ質問させてください。松岡さんの編集思想が、不確実性の科学の影響をものすごく受けてきたという話がありましたね。その不確実性の科学のことについてなんですが、今回の前半の対談でたびたび引いてきた『失敗の本質』では、さかんに日本の敗因として、つねに「コンティンジェンシー・プラン」の不足ということを指摘しています。たとえばインパール作戦では日本軍は急襲ということだけを作戦にしていて、万が一それが失敗した場合の作戦、つまり完敗する前に立て直しをはかるコンティンジェンシー・プランがまったく欠けていたというふうにある。この「コンティンジェンシー」というのは偶有性を意味するそうですが、だとするとこのことも、不確定性や不確実性に関係しますよね。

松岡 そうです。「コンティンジェンシー」はまさに不確実性とか偶然性のことです。ぼくは「別様の可能性」というふうに呼んで、たいへん重視しています。ニクラス・ルーマンというドイツの社会学者が「ダブル・コンティンジェンシー」というキーワードをつかって、社会システムにおける環境やリスクの問題を解いています。システムにはつねにシステミック・リスクというものが潜んでいて、システムを維持しようとしても必ず環境変化の影響などによって亀裂が起こる。だから本来、システムというものを考えるときは、コンティンジェンシー、別様の可能性を含んで考えておかなければいけない。そういう考え方です。これが、『失敗の本質』でさかんに言っている「コンティンジェンシー・プラン」です。『失敗の本質』は、日本軍は最初から最後まで、ずっとこの「コンティンジェンシー・プラン」をもたないまま、無謀な戦闘に突き進んだということを書いていましたね。

田中　でもたとえば戦国時代のことを考えると、日々、予想外のことばかり起こるわけですよ。毎日のように考えてもいないことが起こるという乱世を、日本人も経験していた。だから日本人が不確実性や偶然性のことを何もわかっていないはずはないと思うんです。それがどこかで違ってきてしまったのか。もしかしたら、日本の近代化を進める過程で、そういう不確実性への備えを忘れてしまったのか。そこがどうしても不思議だったんですね。

松岡　その疑問に対する的確な答えになるかどうかわかりませんが、こういうことは言えると思うんです。

ヨーロッパもずいぶんおかしなことをしてきたし、勘違いの歴史を突き進んできた面がありますが、近代になってから決定的に重要な変更を起こしています。それは、ヨーロッパは長きにわたって全知全能の神というものを前提にして「普遍」というものを組み立ててきたんですが、近代になって全知全能の神に疑義を出すようになったということです。ようするに、全知全能の神はいないかもしれないと考え始めた。そうして、神がいないのだとしたらこの宇宙や自然の仕組みや法則はいったいどのようにつくられているのかということを考えるようになった。そこから、ヨーロッパの自然科学とテクノロジーが飛躍していったわけです。やがて、神の全知全能に代わるものとして、コンピュータのようなものまでつくり始めた。

それに対して日本では、近代になってから天皇に全知全能性を付加してしまった。もともと日本では天皇のことをそんなふうには見ていなかったにもかかわらず、平田国学の影響なのか水戸学の影響なのか、そのへんは一つには決められませんが、天皇に無謬性《むびゅうせい》を与えすぎてしまった。しかもその無謬性を一握りの側近たち、いわゆる「君側《くんそく》の奸《かん》」が利用できるようにもしてしまった。司馬遼太郎が近代日本を「異胎《いたい》の国」、つまり違う母胎に生まれてしまった国とみなしたのはそういうことだったわけです。日本が不確実性やコンティンジェンシーに弱い国になってしまった背景には、そんなことも関係していたのではないですか。

田中　私はヨーロッパにおけるニヒリズムというのは、ある時期から文学や思想のなかで出てきたと思っていたんですが、そうではなくて、そもそも全知全能の神はいないかもしれないという考えのなかに虚無が含まれていたんですね。だから西欧では、よく考える人、つまり思想を組み立てようとする人や文学者は、その両方、つまり神の存在と神の不在の両方を同時に見ていた。

松岡　ヨーロッパでは「知」、すなわちフィロソフィというものに対して並々ならぬ関心と意欲がありましたね。そのうえで、古代ギリシアのプラトンの「知」の理念と全知全能も重なっていたし、もちろん「知」はユダヤ・キリスト教におけるヤハウェやイエスとも重なっていた。その一方でグノーシス思想とか神秘主義のように秘匿されていく「知」もあって、こういうものは異端扱いされたり弾圧されたりしてイニシアチブはとれない代わりに、時代をまたいで脈々と残っていくわけです。そうして、全知全能の「知」というものをときどき強く揺さぶっていく。そういうことが、ニーチェあたりでついに爆発したということだと思います。ついに「神は死んだ」とまで言われるようになる。

日本では戦前はもちろん、戦後になっても、天皇というものをそこまで突き放したり風刺したりするということはできなかった。架空の話として持ち出すことさえ憚《はばか》られた。深沢七郎の『風流夢譚《ふうりゅうむたん》』（昭和三五年）が皇室を侮辱したというので、右翼青年が版元の「中央公論」の嶋中社長の家に押し入って殺傷事件を起こしたりする。神聖にして侵すべからざる天皇をパロディにするのはもってのほかという風潮は、いまでもありますね。

田中　実際には天皇の無謬性は「つくられたもの」ということを、明治政府の人間たちはみんな知っていた。明治天皇が崩御して大正天皇に代わるあたりに、美濃部達吉が天皇機関説を唱えると、官界も政府も学界もそれを受け入れた。それが昭和に入って急に天皇機関説が叩かれてしまう。そういう経緯をみても、天皇というのはただ利用されているだけ、戦争中も意見は言わず承認しているだけの存在だった。全知全能どころか、政治の器みたいなものとして置かれて、それを権力が利用する。権力が移り変わっても、また次の権力がそれを利用する。こういう連続になっているわけです。天皇は「知」の体系を代表してはいない。これでは日本には西洋のような「知」の哲学や虚無の思想は生まれないんだろうなと思いました。

松岡　統帥権干犯《とうすいけんかんぱん》問題もたんなる政争だった。ただ政敵を叩くために、お前、天皇の統帥権を犯しただろうと言い立てる。

田中　統帥権はずっと干犯されたままでしたよね。いろいろな人が干犯した。かつての三種の神器みたいなものですよ。取ったり取られたりする。

松岡　ヨーロッパが神に預けていた「知」のあり方を科学や哲学によって引き取ろうとしていた時代に、日本はそれを天皇に付加しながら目先の政治ゲームに突き進んでいった。こういうとちょっと言いすぎですが、列強やアメリカといかに対峙するかという局面でも、対外的なヘゲモニーをどうするかということよりも、国内のイニシアチブをどうするか、次の選挙でどれくらい票が取れるかということばかり気にしている。そういう状況はいまもあまり変わっていません。いまは天皇を政治ゲームの切り札にすることは、さすがに憚られるようになりましたけどね。

田中　みんながみんな、忖度《そんたく》するようになった。

関係性のなかでの「自立」

松岡　これはあくまで思考実験のような話になりますが、南北朝のように二つの天皇家が継続していた時期のほうが、日本ではユニークな政治や思想が生まれていたように思うんです。不確定で不確実なものを生かすということだけを言えば、北朝一辺倒にしないほうがよかったのではないかとさえ思う。実際にも、水戸学だってそこをずっと迷いつづけた。日本の正史をまとめるにあたって北朝を正統とするのか、南朝を正統とするのか、ずっと迷っていたわけです。歴史的には北朝の系統が今日の天皇家にまでつながってきたのだけど、明治天皇が南朝を正統とする裁断を下してしまった。歴史学では南北朝正閏《せいじゅん》問題と言ってます。

そういうややこしい捩《ねじ》れた歴史のことはさておいて、北朝と南朝のような二つの系統が相互作用しながら切磋琢磨していくようなあり方も選択肢としてあったのではないか。たとえば仏教が大乗と上座部に分かれていきながら、それぞれ独自に発展して継承され、いまなお多様なアジア仏教の様相を見せているようにね。日本は本来、そういうアジア仏教のような同時並立的なあり方を好んでいたんじゃないかと思うんです。

にもかかわらず近代になると唯一性とか統一感、ユニティ、アイデンティティというものを欲しがるようになった。もう少し日本の本来のあり方や歴史、日本の方法や思想に目を向けて、そこに拠点を置こうとするような発想はできなかったのだろうかと思いますね。

田中　そういう日本の本来から、西洋でいう「自我」とか「自己」とか「私」というものを、日本的にとらえなおすという方向性もあったはずよね。それがあれば人間にとって自立とは何か、国が自立するというのはどういうことかということも、もっと深く考えることができたかもしれませんね。

松岡　ぼくが「日本という方法」ということを勘案して、日本がアジアや中国から何を学んできたのかを学びなおすとともに、これが日本の独自の方法と呼べるのではないかというものを探索してきたのも、まさにいまの話に通じるところです。それはつまり、日本のアイデンティティそのものを編集的自己としてとらえたい、乗り換えと着替えと持ち替えが可能な歴史観、あるいは自己観にしたいということです。

田中　私も、自立とか独立というのは、確固たる単体として成り立つことを言うわけではないと思っているんです。それは関係のなかでしか成立してこないものです。国の独立というふうに言う場合にも、それは何からの独立かという関係のなかで成り立つものである。たとえば敗戦してGHQに占領された日本は、昭和二七年四月二八日にようやく独立したと言われる。その独立というのは、アメリカとの交渉のなかで辛うじて双方が認めるというかたちでの独立でした。それでGHQは日本から去ったけれども、アメリカ軍はそのまま沖縄に駐留することになった。つまり占領軍ではなくて駐留軍になっただけなんです。それで独立と言えるのかといえば、完全に占領されていた時代から見ればたしかに独立だった。でも一つの国として自立したのかといえば、そうとは言えない。

このように、国の独立というのは、そのときそのときの状態を前の状態とくらべて相対的に判断するしかできないのではないか。以前にくらべてどういう独立の仕方を実現したかということしか言えないのではないかと思うんです。

松岡　いま自民党を中心とする保守政治がゆるみっぱなしになって、その維持さえ危うくなっていますが、これも「日本の自立」に関するシナリオやアジェンダが書けないか、書いたことを本気で説明できない程度の言葉でお茶を濁しているかということですよね。それは田中さんが言われる視点を借りて言えば、相対力を読めなくなっているということかもしれない。

田中　人間の自立というのも、それと同じではないでしょうか。私は、女性の自立という問題について、政治的な意味での自立ではない「自立」を平塚らいてうが言葉にできたというのは、すごいことだと思っているんです。平塚らいてうが言った自立というのは政治とか社会の問題としてではなく、自分自身のなかにいくつもの自分がいるとして、そのなかでどの自分をどういうふうに生かすのかということを自分で決定する、そういうあり方にこそ自立があるのだということを言ったに等しいんです。それはもちろん、周りにいる人間との関係や対話のなかで、どういう言葉を選んで生きていくのかという問題にもつながっていきます。

平塚らいてうの場合は仏教の言葉を使うことによって、それを言うことができた。そんなふうに、何らかの言葉を自分に取りこんで使っていくことで、ようやく自立を表明することができるんですね。「自立」というのはそういうものだろうと思う。

松岡　そうね。「自立」のあり方は時代によっても当然違ってきますね。たったひとつの「自立」があるわけではない。

田中　一九一一年(「青鞜」の創刊)の自立と、いまの女性にとっての自立というのは、違います。社会が違うのですから当然です。もちろん、個々の女性にとっても違う。その基本のところは

「自分の持っている才能」だと平塚らいてうは言っています。ようするに、自立というのは自分の持っているものをどう自分で使うかという問題なのだということです。そのあらわれ方は、もちろん時代によって、社会によっても違ってきます。

「虚に居て実をおこなふべし」

松岡　前にも述べたように、芭蕉が「虚《きょ》に居《い》て実《じつ》をおこなふべし」という言葉を残していますね。「実に居て虚にあそぶ事はかたし」とも言っている。リアルな世界にいながらバーチャルな幻想で遊ぶのではなくて、幻想の領域を最大限に大きくとらえておいて、そこからリアルに戻るべきである、ということを言っている。これは風雅の道を説く教えですが、いまの田中さんの話にも通じることだと思うし、ぼくはこれこそ日本の哲学であると考えてきました。しかしながら、いまの日本人にはこういう考え方はほとんど理解されない。なんで最初に「虚」があるんだ、それはただの虚無ではないか、デカダンスではないかと思われちゃう。あるいは、もっと勘違いして、バーチャルなネット世界が先行するんだと解釈してしまう。困ったもんです。

田中　芭蕉が俳諧には三つの品があると言った、と各務支考《かがみしこう》が書いています。『風俗文選《ふうぞくもんぜん》』に載っていますね。三つの品とは「寂寞《せきばく》」と「風流」と「風狂」です。寂寞は情の品、風流は姿の品、風狂は言語の品。その「言語の品」について芭蕉は、「虚に居て実をおこなふべし。実に居て虚にあそぶ事はかたし」と言った。芭蕉のいう「虚」も、まさに「関係のなかから」ということですよね。芭蕉には「松のことは松にならえ」という言葉もあって、それは自分という存在だけがそこにいるんじゃなくて、そこに松があるのなら瞬間的に松の側に立ってしまえというあり方を諭しているわけです。そうやって瞬間的に松になることによって松が見えると言っている。これもまさに関係の話です。つまり、すべてが相対的な関係のなかで成り立っている。「虚」というのも、そういうあり方のことです。

松岡　そういう芭蕉の「虚に居て実をおこなふべし」「松のことは松にならえ」という考え方を、もうちょっとわれわれは世界に対しても語っていくべきなんですよ。ほかにも、たとえば紫式部が『源氏物語』を書くときに「いづれの御時《おほんとき》にか」というふうにしてバーチャルな時代設定にしながらも、桐壺帝を聖帝の誉れ高い醍醐天皇にあてはめながら読めるようにもしている。紫式部もまた、虚をつくりながら実を描くという手法を見出していたわけです。そういう方法を日本は早くから使うことができていた。こういうことは文芸や芸能の世界ではずっと継承されてきましたし、田中さんとぼくが読んできた昭和の作家たちも果敢に実験していた。

田中　もっとも「虚に居て実をおこなふべし」に果敢に取り組んだのは江戸の人びとだったかもしれません。江戸時代はそれぞれの人が虚実の関係をよくわかっていたし、それをクリエイティブな活動にしていくこともできていた。たった一つの確固とした自己というものが存在するわけではなく、関係性のなかで「実」というものをつくり出していくような、そういう場所が成立していた。それを相互に理解し合っていて、それでいいんだとお互いに言うこともできた。あの時代に日本の思想があれだけ多様に出てきたのも、そういう土壌があったからでしょう。たぶん仏教があれだけ多様化したことと共通するものがあって、仏教もまさに関係のなかでしか人間というのは存在しないということを言っているわけですね。

ところが、それがどこかで失われていく。関係感覚が失われていく。そうして、この対談でいろいろ交わしたような共同体的なもの、コミューンになっていってしまう。

松岡　明治になってから出てきた仏教者の清沢満之《きよざわまんし》が「二項同体」と言って善悪とか生死というものを分断させないという考え方を説いたり、内村鑑三が「二つのJ」、すなわちジャパンとジーザス（イエス・キリスト）の二つのJを、たとえ身が引き裂かれても抱えつづけると言ったりしたように、二つの相対するものを対立させずに抱えていくという方法は、じつは日本的仏教にも日本的キリスト教にも胚胎《はいたい》していたんだよね。ところが、日本の宗教界も思想界も、そういう考え方を異端扱いしたり少数派扱いしたりしてしまった。そういうこともあって、日本の思想も宗教も、近代以降はどんどん痩せてしまったんじゃないかと思いますね。

関係のなかでしか生きられない

田中　ちょっといままでの話から飛びますし、昭和からもずれるんですが、松岡さんが『昭和の作家力』にも取り上げていた村田沙耶香《さやか》の『**コンビニ人間**』(平成二八年)、あれもすごくおもしろかったです。現代日本のさまざまな関係のなかでしか成り立たない人間のあり様が描かれてますよね。

松岡　読んでくれたの？　変わった話でしょ。まさに虚を突いている。

田中　いまの若い人たちが陥っている関係というものがよく描かれていると思いました。ようするに、他人のまなざしをつねに内面化しすぎてしまっている。社会という非常に漠然としたもののまなざしとか、誰かのまなざしとか、家族のまなざしとか、そういう外からのまなざしによって自分を判断する。そういうことをしつづけている主人公が、最終的にどうなっていくかというと、ただコンビニのなかで商品を並べ替える。コンビニというのはまさに社会システムの一つなんですが、それを自分の社会として選ぶというようなところに帰っていく。そういうあり方を最終的に「発見」するわけです。いまの日本文学は、自分とは何かを問うような近代文学とは全然違うところに来ているんだなと思いました。

松岡　まったく違いますね。でも、そこに好ましいものがあるんです。

田中　関係のなかでしか成り立たない自分でいいのだ、というふうに肯定していく。それは精神の問題というよりも身体の問題としてとらえられていて、自分の身体はこういうふうにしか生きられない。こういう時間配分のなかでしか動けない。自分が何を考えているかじゃなくて、自分のカラダがどういう状況のなかで動けるかということだけに注目している。しかもそうやって見出したものを、それが私なんだというふうには言わない。ただそういうふうにしながら、これからも生きていくんだろうなというふうにして終わっていく。それこそ、関係のなかの自分というものにようやくたどり着いたというふうにも言えるんじゃないかと思う。

松岡　加えていうなら、そういう関係のなかでの身体性としての自分というものに入りなおしていくのは、女性たちならではの方法だという気もする。たとえば鈴木いづみが天才アルトサックス奏者の阿部薫をドラッグで失って、最後は自殺してしまうんだけれども、亡くなる前に書いた小説のなかに、鈴木いづみの化身とおぼしき主人公が、片手にトイレットペーパーの袋を下げて環七沿いを歩いているときに、埃《ほこり》が舞ってきらきらしているのに魅入られて放心するというシーンがある。あるいは、吉本ばななはキッチンを別世界の入り口に見立てて、おばあさんが電気冷蔵庫のなかにいるんだというような感覚を描いたりする。そういう日常のなかの非日常を通して関係性というものを見つめていくのは、だいたい女性たちなんですよ。だから昭和以降の文学の低迷のなかで、女性作家たちには「よくぞやってくれた」と言いたいし、『昭和問答』で語ってきたような昭和の矛盾を超えてくれるのは、女性たちだろうという期待がものすごくありますね。

田中　なぜ女性たちにそれができるのかといえば、それは、競争をやめたからですよ。

松岡　ああ、なるほど。それは至言だ。

田中　かつては、男性と競争するとか、社会のなかで男性と互角になろうとか、そうやって社会の中で居場所をつくろうとする女性たちがいました。ちょうど男女雇用機会均等法が成立したころ（昭和六〇年）には、そういう風潮が女性たちのあいだにも確かにあったと思います。でもその後わりと早くに、女性たちがそこから離れてしまったと思うんです。ようするに、「もうやっていられない」と。

松岡　そうだったろうね。

田中　男たちと競争する必要もないし、男たちがつくってきた文学のあり方を乗り越えようとかその上に行こうとか考える必要もない。そもそも上とか下とかいう発想がないから、考えもしない。単に生きていられればいい、そのためにはどうしたらいいかという、それだけなんですよ。

でも、そもそも文学ってそういうものだったんじゃないかと思うんです。たとえば大岡昇平が『レイテ戦記』（昭和四六年）とか『野火』（昭和二七年）のような戦争ものだけではなくて、非常に長いものを書きつづける。なぜそうしたかといえば、大岡昇平は書かないと生きていられなかったから。

松岡　贖罪《しょくざい》も含めて、書くことで生き延びた。

田中　そうしないと精神的にもたないとか、身体的にもたないとかいう事情があった。そういうふうに、文学がもっている一つの役割として、もう生きていけない、やっていられないという人が、書くことによって何とか日々を生きていく、という側面もあるんですね。それは、そういうものを読む側にとっても同じで、読むことによって日々を生きていくことができる。これが文学のすごく大きな役割だったんじゃないか。

松岡　文学だけではなくて、ポップスだってアートだって、そうなんだよ。たとえば吉田拓郎も井上陽水も忌野清志郎《いまわのきよしろう》も、すばらしいポップスをつくるんだけれども、それって彼ら自身が抱えている生きにくさや生きがたさが反映されたものなんですよね。彼らの歌を聴くほうも、そういうものを共有したくて聴いているようなところがあると思うんです。ただ、やっぱりユーミンとか中島みゆきや椎名林檎《しいなりんご》のような女性シンガーソングライターたちは、自分たちの価値観や日常というものをもう少し自由に、ときにラディカルに表現しているように思いますけどね。

名づけようのない色

田中　いまの「女性の表現」ということに関連して、ちょっと思い出したことがあります。じつは私は「昭和のおすすめ本」リストに柳宗悦の『**手仕事の日本**』（昭和二三年）を挙げていたのですが、そのことについて話していませんでした。そのことをからめながら、ちょっと話をさせてください。

『手仕事の日本』には、「美しい」という言葉がたくさんちりばめられているんですが、これは「何が美しいか」ということを探す旅の道程が書かれているようなものなんですね。決して土俗の旅ではないし、探し当てたものが日本的かどうかということも問うていない。柳宗悦が出会っていく人びとの多くが、自分のやっている技術はもうすぐすたれてしまう、ダメになってしまうと思っているんですが、柳と会って自分が生み出したものを「美しい」と言われることで、「何とかやっていこう」と思い直したりする。日本の職人さんたちのなかで、柳さんと出会ってそういうふうに思えたという人がずいぶんたくさんいるんです。いまにも途絶えそうだった芭蕉布を頑張って残した平良《たいら》敏子さんもその一人です。

松岡　柳宗悦は、民衆が産んできた生活道具や雑器のなかにひそむものを「密意」というふうに呼んで、それを探す旅をしつづけたよね。そうして「無名の美」というものを発見していった。

田中　柳はそれを「無事の美」「本来の美」というふうにも呼びましたね。そういう柳に、日本の多くのつくり手たちが励まされた。

じつは志村ふくみさんもそうです。志村さんも柳宗悦の考え方を受け入れることによって「やっていっていいんだ」というふうに思うようになった。でも、志村さんがそれをどう表現していくのかといえば、柳宗悦のような「美しい」という言葉ではないものにしていくんです。

私はいままで志村さんの本はほとんど読んでいまして、『**野の果て**』(令和五年)では自分の生涯を振り返って書かれています。もちろん志村さんがずっとつづけてきた染織の仕事のことも書いている。志村さんの書き方というのは、同じ色は一つもないということを、まさに色がどんどん変化していくように書いていくんです。たとえば藍甕《あいがめ》のなかに布を入れたときに最初にパーッと黄色っぽい色になって、それからしだいに藍が立っていく様子を詳しく書いている。そうすることで、志村さんは生まれてくる色や染まっていく布、あるいは藍甕と会話をしているんですね。自分のまなざしを向こう側、自然の側に置いて、だんだん色が変わってくるということを、あたかも生き物が変化してくるみたいに書く。物についてそういう書き方をした人は、私はほかに誰一人として思いつきません。

松岡　なるほど、志村さんの自然や色や道具への向き合い方は、柳宗悦が「無名の美」とか「本来の美」というものを想定しながら、その対象となるものを探していくのとはちょっと違う。

田中　柳はそこにあるものを対象化して、そういうものを相手に「美しい」というふうに言っているんですね。でも志村さんはそういう対象のなかに身体ごと入っていく。つまり、もっと芭蕉的なんです。松のなかに入ってしまう。向こう側に立ってしまう。そうして、自分がいまどうやって生まれかけているのかということを感じて、そのことを語ろうとする。そうやって光とか土とか水とかというものにどんどん入っていく。

松岡　そこは石牟礼道子っぽい？

田中　志村さんは石牟礼道子と同じ場所に生きています。それを二人は「生死《しょうじ》のあわい」と呼んでいます。色が命として際立ってくる。志村さんがやりつづけてきた染織って、そういう場所を示してくれるものです。私は色というのは文化の一部だと思っていたんだけれども、志村さんの文章を読むとそうは見えなくなってくるんです。色を文化の一部として考えると、たとえば江戸の四十八茶百鼠《しじゅうはっちゃひゃくねず》みたいに、茶色や灰色だけでたくさんの色があった、という話で終わってしまう。あとは個々の色名とその色味の違いの話になってしまう。でも志村さんのように、一つも同じ色がない世界というのは、色に名前をつけることができない世界です。色に名前をつけるためには、どれが同じ色かと括っていかなければならないですからね。つまり私たちの色についての言葉は、そういうふうに括ってしまったあとの言葉であって、いったん括って名前をつけてしまうと、それ以降は本来の色を見なくなってしまう。そういうことにも気づかされていくんです。

こういうように色を見たり物事を見たりする、というあり方に気づいていくと、「アイデンティティ」などたいした問題ではない、と思うわけです。

松岡　その通り。まったくもってその通りです。アイデンティティなんて敗戦日本の知識人が武装のために導入しすぎたものですよ。

田中　大事なことは何をどのように見ようとするのか、そのまなざしの置き方であって、それが価値観の問題にもつながっていく。だとすると、「日本文化」というふうにひと括りで言ってしまうことにも問題があって、そういうものがあるんだと想定して文化を対象化してしまったり分析してしまったりしたら、見えなくなるものがあるはずなんです。そうならないためには、やっぱり「向こう側」に立つ必要があるんじゃないか。

松岡　「向こう側」というのは、アイデンティティを超える、外すということ?

田中　そうです。そういうふうに「向こう側に立つ」書き方をしているものは、そうやって見ていけば、けっこうあるんです。たとえば山東京伝なんかは明らかに向こう側に立っているだろうと思える。向こう側の世界のなかにフッと入ってしまって、そこで書いている。物事を客観的に書くのではなくて、向こう側の世界の一人の登場人物として自分のことを書いているという手法を編み出したわけです。

松岡　いまの話は、ぼくが編集工学を組み立てるヒントにしてきたベイトソンやユクスキュルの考え方にも通じます。ベイトソンは「フィール」(feel)という言葉で、われわれが何かを判断するときには、たいてい「フィール」を使っているということ、いわば「そういう感じ」とか「ちょっとした」とか、あるいは「もともと」というニュアンスを使いながら判断しているということを重視して、自己を固定しないんだとみなした。フィールに居つづけるということは存在の立脚点や物事の実体をとらえていないようでいて、そこに出入りしている情報の様子やふるまいをじつにちゃんと言い当てているとみなしたんです。ベイトソンはそのうえで、ある部族のフィールドワークを通して、むしろいくつもの自分を行き来する「分裂的生成」こそが人間のあり方だろうと推測した。関係のなかに居つづけて、ちょっと身を裂かれながら次に進んでいくわけです。

ドイツの生物学者のユクスキュルは、そんなふうに関係のなかに居つづけるということはそもそも生物の生き方から始まっているもので、そこには生物的知覚がかたちづくる「環世界」(Umwelt)があると指摘した。客観的世界なんてないんだというのが環世界という見方です。環境＝自分という未分化状態のものがあるだけなんですね。志村さんのように、自然から得たものを手仕事にしつづけている人たちには、こういうベイトソンの「生成」やユクスキュルの「環世界」との共存が、体験的に、かつ直観的にわかるんでしょうね。

田中　まさに「虚」と「実」をめぐる哲学であり科学ですね。志村さんも「本当の赤はこの世にはない」と言うんですね。それはつまり、色の世界というのは虚なんだということです。でもその一方で、志村さんは実として、赤いものを染めているんですよ。つまり、虚のところを押さえておきながら、実として形にしている。ものづくりをする。芭蕉や山東京伝は、虚を押さえながら、実として言葉にしていく。この、当初において「虚を抱えている」か、あるいは「虚を抱えていないのか」、このあたりが文化として何かを表現をしていくときの大きな違いになっていくように思いますね。

「いないいない・ばあ」でいく

松岡　「虚」と「実」の関係をどう見るかというのは、とても大事な見方です。科学や数学では複雑さや非線形的なるものにどう向き合うかというテーマにもなっていきます。複雑さというのは科学の分野において二〇世紀半ばからたいへん重視されてきた見方で、われわれが属している世界は複雑系というものであって、その構成要素をいくら足し算していっても特色はあらわせないという見方です。そのため数学的にあらわそうとすると非線形《ノンリニア》になるんですね。それだけではなく、そこにはカオスも出入りする。非線形というのは線形的《リニア》な足し算が成立しない系のことです。非線形な系では、部分は全体に従属しているのではなくて、客観的に予想していた全体を超えてしまうんです。となると、さきほどの志村さんの「本当の赤はこの世にはない」と同じで、全体のなかから都合よく部分を取り出して、それを「赤」と呼ぶこと自体が成立しないわけです。じつはわれわれが生きている自然や社会や世界を成り立たせているいろんなシステムも、ほとんどがそういう複雑な非線形で成り立っているのではないかと考えられます。

田中　そういう非線形や不確定性の世界では、一度何かがうまくいったとしても、次にそれが同じようにうまくいくとはかぎりませんね。だって再現ということが事実上、不可能になってしまうわけでしょ。文学やアートもまさにそういうもので、そのとき、その場でしか出会えないもの、二度とは再現できないものを扱っているんだと言えますね。それにくらべて、簡単に再現できるものとはどういうものかといえば、これは大量生産が可能なものということになるわけです。

松岡　経済効果として測れるものは、たいてい線形で解けるもので、再現性が高いもの、つまり大量生産ができるもの、というふうにも言えます。

田中　いまの日本に必要なことは、経済効果では測れないもの、つまり再現できないもののほうにもっと目を向けるということです。

松岡　ぼくはね、そのためには、「いないいないない・ばあ」をもっとやるといいと思うんです。つまり、ぎりぎりまで大事なものは伏せておく。ここだというときに「バーッ」と出す(笑)。幼児がなぜ「いないいないない・ばあ」とやるとキャーッと喜ぶのか。それは隠れていたものへの期待がいっぱいいっぱいになった瞬間に、「バーッ」があるからでしょう。同じものを出す場合でも、最初から出しっぱなしだと、ぜんぜんうれしくない。

田中　松岡さんが手がけてきた編集も、まさにそれですね。

松岡　おっしゃるとおり、編集工学はずっと「伏せて、開ける」ということを意識してやってきた。「いないいない・ばあ」をやりつづけてきた。ぼくはそういうことを、第一には、生命が情報の組み合わせから生成されてきたこと、第二には、歴史や文化が予想通りに解釈できないこと、第三には自然界の秩序は対称性のゆらぎやカオスから創発されてきたことから学んできたわけですが、もちろん芸術や芸能や文芸からもたくさんのヒントをもらってきました。そしてある時期から、この考え方を日本にあてはめたいと思うようになったんですね。それが昭和が終わりに近づいたころでした。でも、こういう考え方はなかなか理解されないんです。それに、そういう日本の「いないいない・ばあ」的、非線形的・非再現型のおもしろさは、統計で数値化してしまう超合理主義には勝てっこないと思われてきた。だって、生まれては消えていく、うたかたみたいだと軽視されるからね(笑)。

田中　だからこそ、その勝てっこないものをいかに日本が抱えられるかどうかが問われてますね。となると、競争から降りてしまうという方法しかないように思います。

松岡　そうです。競争をしなくとも、「いないいない・ばあ」は強力にイメージの奥に残ります。そのことをしっかりとらえていくべきなんです。日本はかつてそういうものを、「はかなさ」とか「虚しさ」というふうに呼んで、あたかもとらえどころのないもののように扱ってしまったけれども、またそれを無常観などと結びつけすぎたけれども、じつは浮世絵や歌舞伎のように「いないいない・ばあ」が時代を席捲した例もある。

田中　そういうものは、経済的な発展からだけでは生まれないんです。

松岡　お金をかければ写楽や北斎が生まれるわけではない。

田中　にもかかわらず、いまの時代はお金という手段が目的化していて、何をつくり出せばいいのかということが、ものづくりの現場でももうわからなくなっている。ものをつくる人たちの考え方そのものも、相当変わってしまった。本当に、抜き差しならない大変な状況になってきているなと思います。

「世界たち」のために対話をする

松岡　そろそろこのへんで締めくくりましょうか。この対談は足掛け二年以上かかってしまったわけですが、その原因のひとつに、ぼくが三回目の肺がんになってしまったという事情がありました。二カ月ほどかけて柏市にある国立がん研究センターで陽子線治療を受けることになってしまった。そのせいで前半の対談と後半の対談のあいだが開いてしまい、申し訳なかったと思っています。おかげさまで治療はうまくいったようなんですが、若干の副作用も出て体重が減ってしまった。いま四五キロを切ってます。

そんななかで田中さんとふたたび昭和を語りあう時間が持てたことは、ぼくにとって大事な時間になりました。田中さんが一貫して凜《りん》とした姿勢と発言をみせてくれたこと、とくに本をめぐる対話では、ずっと培われてきた読書体験に加え、新しい読書の冒険までして臨んでくれたことに、励まされました。ぼくの昭和史と田中さんの昭和史は時期的には少しずれているし、語り方も問題意識も違うところがあるんだけれど、それもあって、とても刺戟《しげき》的な対話になったんじゃないかなと思います。

田中　私が松岡さんの言葉を聞くたびに感じ取るのは、「身の置き場所」と「まなざしのあり所」です。ベイトソンや芭蕉や湯川秀樹やご自身のがんや宇宙や海洋やこの大地や、日本やヨーロッパや、古代や現代等々、それらの「どこかに」ではなく、常に「あいだに」身を置いている。あいだに居ながら瞬時に「これだ！」というものを摑んで、そこにおいて責任をとっていく。コンティンジェンシーを存分に使っているのに、あいまいなものなどなく、そこにははっきりと「松岡正剛」という存在が、そのまなざしで見出した人や作品や出来事とともに、はっきりと姿をあらわす。そういうあらわれ方だから予想がつかない。

私はその方法を身につけたくて、イシス編集学校で修行しましたが、なかなかそうなれないのです。考えてみれば私はずっと、学生のころから「松岡正剛になりたい」と思ってきたけれど、七〇歳過ぎてもなれないので、もう無理でしょう（笑）。死ぬまで「あこがれ」で終わるのだろうと思います。

でも、この対談でようやく、同じにならなくてもいいのかもしれない、なぜなら対話ができることと自体が人生の絶妙な体験なのだから、と思えるようになりました。これからも最後の最後まで、言葉を交わしたいと思います。ありがとうございました。

松岡　では、ぼくからも、今回の対談を通して感じたことを三つほど話して締めくくりたいと思います。

一つ目、これはぼく自身の反省になるんだけど、まだまだ自分のなかで昭和を語るというスタイルが出来上がっていないなということを実感しました。じつはぼくが昭和についてこういう対談をするのは、吉本隆明さんと「昭和が終っちまう前に」をやって以来のことだったんです。今回ひさしぶりに田中さんと昭和を交わすことになって、はたしてこの数十年のあいだ、どれくらい自分が昭和について埋めてこられたのかと振り返ってみると、まだまだカバーできていないことがすごくあるというのが正直な気持ちですね。

二つ目ですが、最近ぼくは、「世界」と「世界たち」の両方を考えないと、思想も表現も組み立てられないという考え方に達しているんです。いままで普遍性というのは、「世界」のほうばっかりに行って、「世界たち」という細かく割れたほうには普遍性がないと思われていたんじゃないか。日本にしてもそうです。日本を語ったり昭和を語ったりしようとすればするほど、ほんの短い期間の光芒《こうぼう》しか放たなかった割れた「世界たち」の仮説性にも、もっと目を向けるべきではないか。こういうものが普遍主義に対抗するというわけではないけれども、普遍主義とは違うもっと別の何か、もっとおもしろいものにできるんじゃないかということを、田中さんとの対話を通して、ますます感じていました。

三つ目は、やっぱり田中さんがおもしろいよね（笑）。『日本問答』『江戸問答』『昭和問答』のあいだ、七年にわたって法政大学総長としての責務をまっとうした。そのなかで、いまの日本の大学や教育の問題に日々向き合ってこられた。その経験が、田中さんの日本を見る視点をさらにキリっとしたものにしていったということを、また大きな決断力になっていることを、すごく感じていました。『昭和問答』では、そういう田中さんが持っている社会観をいままで以上に出してくださったので、ぼくもものすごく共振することができた。座が定まっていて、かつどんな方向にも顔と姿勢が向いていました。ありがとうございました。

あとがき1

ともにとびらをあけてきた

田中優子

　本書の対談骨子案ができたのが、二〇二一年だった。互いの仕事や活動、病気や治療のあいまを縫って、対談の完成まで三年を費やした。そのあいだに二人は年齢を重ね、健康状態も周囲の状況も、次々に変化していった。

　たとえば……母が死んだ。

　在宅介護の後、いよいよ歩けなくなって施設に入った。訪問看護師、訪問医、数時間置きに部屋に来てくれる介護福祉士さんたちは、じつに丁寧に面倒をみてくれた。何不自由ない万全の体制だった。しかし私は、何かが、心につかえていた。認知症が進んで、死別した夫も子どもも孫も忘れ、数えきれないほど出かけた海外旅行のことも思い出せず、私を「かあさん」と呼んで久しかった。「これからお嫁に行くの」と言ったことがあった。意識が二〇歳ごろなのだと理解した。しかし私の気がかりは、そのことではなかった。

ある日、母が思い詰めたように言った。「運命というものは、あるのかしら？」「なぜそんなことを？」と説明を求めるのは無理だと思えたので、私は答えた。「運命というものは、私はないと思う。自分がやってきたこと、自分で決めたこと、過ごした日々の結果がそこにあるのだと思う」と。母は納得したようにうなずいた。

母は何を思っていたのだろうか？　そう考えたときに、完璧なこの場所に足りないものが何だったのか、わかった。「祈り」だ。「もう、どうにもならない」とわかったときに、たどり着くはずの祈りだ。さらに、みずからの空虚と向き合う時間だ。呼吸と向き合い、それが支えている生命と向き合い、やがて来る死と向き合う、そういう時間だ。そしてできることならば、その脳裏に去来するあれやこれやを言葉にし、それを受け容れることだ。

この『昭和問答』では、高村薫の『土の記』も取り上げた。折口信夫の『死者の書』にとてもよく似た書き出しで始まるこの本は、雨音、空気、土、植物の生育、周囲の微細な音やイメージ等々が無秩序に、高齢者の茫洋とした脳裏で展開する。自分の考えと人の考えが混じり合いながらも、意識は、耕作の日々、交通事故、妻の介護、新興宗教、借金と夜逃げ、殺人事件、大震災、自分に迫ってくる豪雨と地滑りなど、時代の現実を刻々ととらえていく。

実際には、認知が薄れた状態で、自分の脳のなかを言語化できるのかどうか、わからない。しかし高齢化してゆく私は、ぎりぎりまで、その混濁と無秩序を言葉にしたい、と思った。

母にはもう、それはできなかった。そこで私は、会いに行くたびに言う言葉「見守っているから、安心してね」を祈りとみなし、母の言う「ありがとう」を祈りとみなして、最期までの日々を過ごした。

石牟礼道子の祖母「おもかさま」は、象皮症の足をひきずりながら着物を引き破り、白髪を振り乱して歩いた。道子はともに歩きながら、石を投げられ、あるいは女郎たちの親切を心に抱きとめながら、詩人となり、もの書きになった。

「小栗判官」の餓鬼阿弥《がきあみ》は自分で歩くことができなかったが、誰かが面倒を見たわけではなかった。そのかわりに、餓鬼阿弥の乗った土車を街道筋の人びとが引いた。「ひと引き引いたは千僧供養、ふた引き引いたは万僧供養」と。土車を引くことは人びとにとって、みずからのための祈りだった。

盲目の蟬丸は、誰が世話をするでもなく藁屋にひとり暮らして、日夜琵琶を弾いた。その音が狂人の姉、逆髪《さかがみ》を招き寄せ、二人は出会うことができた。

「欠けていること」「どうしようもないこと」が祈りを生み、出会いにつながる。しかし今日の社会は、物理的に欠如を埋め、清潔に、穏やかに、何事もなかったかのように日常が過ぎ去っていくことのほうを、仕組みとして選んだ。高齢者は、家族や周囲に迷惑をかけまいと思えば、その仕組みに入っていくしか、生きるすべがなくなっている。

『昭和問答』では、互いにみずからの「老い」を受け止めつつ、近代から昭和を経て今に至る過程を考え、感じ取り、対話した。戦争の無い江戸時代が終わり、明治になると、日本人はおよそ一〇年ごとに戦争や事変を起こした。『昭和問答』は、終戦まで七七年間に及ぶその時代をたどった。そして戦後、国民は武力を放棄し、戦力を保持しないことを決め、それを憲法に明記した。その日本国憲法施行から今年、二〇二四年まで、やはり、七七年経った。

その二〇二四年七月、じわじわと進んできた「新しい戦前」はその姿をはっきり見せるようになり、その過程を許してきた国民がどういう人たちなのか、その姿も見えてきた。それは、「本を読まない・読めない」膨大な数の人びとだった。東京都知事選では、政策をもたず、語らず、議論しない候補者が多くの票を集めた。ほとんどの都民は政策を出しても理解できず、長い話を聞くことができないからだという。

在日米軍は統合軍司令部をつくり、自衛隊は米軍との連携のための統合作戦司令部を設置することになった。いよいよ日本は、主権の一部を米国に渡すことになる。いま九州では日米の合同軍事訓練が行われており、沖縄では避難シミュレーションがつくられている。「新しい戦前」は米国と戦う戦前ではなく、米国支配下の戦前なのだ。

二〇一五年の集団的自衛権行使容認。二〇二〇年の日本学術会議会員任命拒否。二〇二二年の「安保三文書」による、敵基地攻撃能力保有と軍事予算の倍増。学問の排除を含んだかつての戦前とそっくりの経緯が、展開している。

この本の冒頭で私は、「なぜ競争から降りられないのか?」「国にとっての独立・自立とは何か」「人間にとっての自立とは何か」という問いを置いた。四〇年も教育にたずさわったが、一斉教育を全面的に切り替えることはできなかった。本を読み文章を書き、考え、自分の言葉を発見し、他者とともに語り合う。そういう機会は、自分の設定した少人数授業のなかでしか、実現できなかった。結果的に、本など読まず時間をかけず、効率的に社会的な地位を得る競争に邁進する世の中になった。ますます競争から降りられず、ますます大樹に依存して、自立からは程遠くなった。

それでも私は、松岡正剛のつくってきた編集工学研究所の仕組みと、その私塾であるイシス編集学校に、望みを託している。なぜならそこでは、本を読むこととみずから書くことのなかに、絶対とも言える信頼を置いているからだ。「千夜千冊」は一八五〇冊を数えた。つまりは一八五〇の扉をもっている。その扉の前に立ちその扉を開けることで、古今東西の無数の本の世界に一歩を踏み出せる。

本を読むとは、みずからの座標軸を得ること。それは世界という座標か、宇宙という座標か、無限につづく時間の座標か？　一八五〇の扉の向こうに、さらに扉がつづいていることを、私は知っている。

何度も松岡さんといっしょにその扉を開けた。今回も。そしてこれからも。

あとがき2
ゴジラが上陸するまで

松岡正剛

いっとき世田谷区三宿《みしゅく》のアパートにいた。目の前に巨《おお》きなオブラート工場の煙突が立ち、隣は小さな町場の鉄工所、その隣がちびな魚屋とたいてい客のいない理容室。アパートでは夏はソーメン、冬はイナリ寿司、食堂ではアジフライ定食。線画のイラストレーションにしかならないような一郭だった。ここで「遊」を構想した。

いま、この一郭は存在しない。道幅が大きく変わり、似たようなビルが立ち並んで、少しコジャレた店が出入りする。そこは昭和ではなくなったのである。

姿を消した昭和は、いろいろだ。芥川や改造社はなく、関東軍も中島飛行機もいない。当然のことだ。戦争に立ち向かい、敗北し、占領されていったのだから、喪失したもののほうがべらぼうに多い。昭和は日本列島だけでなく各地を専横しようとしたわけなので、そのぶんもそのぶん以外も抉《えぐ》られた。南満州鉄道にまつわる浪漫と野望も抉られた。

抉られたから困るのではない。問題は、そういうことをいったいどう語っていればいいかという時代社会観をめぐる方法が、昭和全貌にやたらめったら突き刺さったままにあるということだ。三宿のオブラート工場の線画のイラストレーションのように、残せなくなっているということだ。田中さんと昭和を語ってきて、終盤、不安になってきたのは、この方法の混乱だ。〝何か〟を巨きく補充しないかぎり、昭和は俯瞰図も細密画も描けなくなっているのかもしれないと思えた。

思いきってあてがってみたい。それは「ゴジラ」のようなディストピアを食らいこんだ視界体のようなものではあるまいか。

日本は全貌が解体しかかったのである。しかし復興せざるをえなかった。ＧＨＱによって二六〇度くらい変換された、つるつるのデモクラティックで、すこぶる反共地政学的な展望にもとづく復興だ。それを受容した。けれども、そんなことで経済や軍事の復興があったとして、昭和の前半が壮絶に加担していった悲劇的な自暴主義のような視界体を、昭和の後半で持ち出せないいまだとしたら、ここには著しい方法の混乱が起こるはずだのだ。

ここに持ち出されるべきは「ゴジラ」なのである。おそらく「日の丸を背負ったゴジラ」だ。核兵器の根本矛盾が産出したゴジラは、昭和の前半の結末の総量を補塡する想像力をかかえこんだとみなせよう。もう少し若い世代なら、「ゴジラ」ではなく「ＡＫＩＲＡ」がディストピアを孕《はら》む視界体になりうるだろう。田中さんにとっては、それが石牟礼道子の『苦海浄土』だったのだろう。

このような発想、やはり必要だったのではあるまいか。いやいや、「あとがき」で持ち出すことではなかったかもしれない。ぼくの「いないいない・ばあ」のクセだと思っていただきたい。

『日本問答』『江戸問答』『昭和問答』とつづいてきた、田中優子さんと松岡正剛の対談シリーズは、これで終了です。肺がんとともに肺炎に見舞われていた松岡は、本書のあとがきを脱稿した直後に呼吸困難に陥り、八月一二日、救急搬送された病院で急逝しました。あっというまの出来事でした。二人のあいだでは、これからさらに新たな対話を始める約束が交わされていたはずなのですが、もうそれが世に出ることは叶いません。

松岡のあとがきには、「日の丸を背負ったゴジラ」が登場します。「小さきもの」や「断片」に心を寄せてきた松岡が、なぜこんなにも巨きな火を吐く〝視界体〟を持ち出したのか、どうにも謎めいています。そのことをもう少し聞きだしておくべきだったと、いまになって悔やまれます。あるいは、こんなことを聞いたところで、「言ひおほせて何かある」と鋭い目でにらまれ、かわされてしまったかもしれません。

私事ながら、昭和が終わり平成が始まった年に松岡正剛の弟子となり、以来その思索や活動の現場を間近で見てきました。『日本問答』に始まり『昭和問答』に終わった田中さんと松岡の稀有な対話の一部始終にも携わることができました。このような機会を与えてくださったお二人と、岩波書店の坂本純子さんに、心からお礼を申し上げます。

松岡正剛事務所　代表取締役　太田香保

田中優子

法政大学名誉教授，法政大学江戸東京研究センター特任教授．法政大学社会学部教授，社会学部長，総長を歴任．専門は日本近世文化・アジア比較文化．『江戸の想像力』で芸術選奨文部大臣新人賞，『江戸百夢』で芸術選奨文部科学大臣賞・サントリー学芸賞．『日本問答』『江戸問答』(松岡氏との共著，岩波新書)ほか著書多数．2005年度紫綬褒章．江戸時代の価値観，視点，持続可能社会のシステムから，現代の問題に言及することも多い．

松岡正剛

1944年，京都生まれ．70年代に雑誌『遊』編集長として名を馳せ，80年代に「編集工学」を確立．以降，情報文化と技術をつなぐ研究・企画・構想に従事．日本の歴史文化について独自の切り口による編著作も多数．2000年よりインターネット上で「千夜千冊」を連載．おもな著書に『日本という方法』『見立て日本』『千夜千冊エディション』(全30冊)『日本文化の核心』『別日本で、いい』(共著)ほか．

昭和問答　　岩波新書(新赤版)2039

2024年10月18日　第1刷発行
2024年12月 5 日　第2刷発行

著　者　田中優子《たなかゆうこ》　松岡正剛《まつおかせいごう》

発行者　坂本政謙

発行所　株式会社 岩波書店
〒101-8002 東京都千代田区一ツ橋 2-5-5
案内 03-5210-4000　営業部 03-5210-4111
https://www.iwanami.co.jp/

新書編集部 03-5210-4054
https://www.iwanami.co.jp/sin/

印刷・理想社　カバー・半七印刷　製本・中永製本

ISBN 978-4-00-432039-5　　Printed in Japan

岩波新書新赤版一〇〇〇点に際して

ひとつの時代が終わったと言われて久しい。だが、その先にいかなる時代を展望するのか、私たちはその輪郭すら描きえていない。二〇世紀から持ち越した課題の多くは、未だ解決の緒を見つけることのできないままであり、二一世紀が新たに招きよせた問題も少なくない。グローバル資本主義の浸透、憎悪の連鎖、暴力の応酬――世界は混沌として深い不安の只中にある。

現代社会においては変化が常態となり、速さと新しさに絶対的な価値が与えられた。消費社会の深化と情報技術の革命は、種々の境界を無くし、人々の生活やコミュニケーションの様式を根底から変容させてきた。ライフスタイルは多様化し、一面では個人の生き方をそれぞれが選びとる時代が始まっている。同時に、新たな格差が生まれ、様々な次元での亀裂や分断が深まっている。社会や歴史に対する意識が揺らぎ、普遍的な理念に対する根本的な懐疑や、現実を変えることへの無力感がひそかに根を張りつつある。そして生きることに誰もが困難を覚える時代が到来している。

しかし、日常生活のそれぞれの場で、自由と民主主義を獲得し実践することを通じて、私たち自身がそうした閉塞を乗り超え、希望の時代の幕開けを告げてゆくことは不可能ではあるまい。そのために、いま求められていること――それは、個と個の間で開かれた対話を積み重ねながら、人間らしく生きることの条件について一人ひとりが粘り強く思考することではないか。その営みの糧となるものが、教養に外ならないと私たちは考える。歴史とは何か、よく生きるとはいかなることか、世界そして人間はどこへ向かうべきなのか――こうした根源的な問いとの格闘が、文化と知の厚みを作り出し、個人と社会を支える基盤としての教養となった。まさにそのような教養への道案内こそ、岩波新書が創刊以来、追求してきたことである。

岩波新書は、日中戦争下の一九三八年一一月に赤版として創刊された。創刊の辞は、道義の精神に則らない日本の行動を憂慮し、批判的精神と良心的行動の欠如を戒めつつ、現代人の現代的教養を刊行の目的とする、と謳っている。以後、青版、黄版、新赤版と装いを改めながら、合計二五〇〇点余りを世に問うてきた。そして、いままた新赤版が一〇〇〇点を迎えたのを機に、人間の理性と良心への信頼を再確認し、それに裏打ちされた文化を培っていく決意を込めて、新しい装丁のもとに再出発したいと思う。一冊一冊から吹き出す新風が一人でも多くの読者の許に届くこと、そして希望ある時代への想像力を豊かにかき立てることを切に願う。

（二〇〇六年四月）